I0759480

Eres mi niña

365 Devociones para cada día

BroadStreet
ESPAÑOL

BroadStreet Español
Savage, Minnesota, E.U.A.
BroadStreet Español es una marca editorial de BroadStreet Publishing Group, LLC
BroadStreetPublishing.com

Eres mi niña

9781424571864 (piel símil)
9781424571871 (libro electrónico)

Devociones escritas por Sara Perry y Jeanna Harder.

Diseño por Garborg Design Works | garborgdesign.com

Traducción, adaptación del diseño y corrección en español por LM Editorial Services | lmeditorial.com | lydia@lmeditorial.com con la colaboración de Belmonte Traductores (traducción) y produccioneditorial.com (tipografía)

Impreso en China / Printed in China

26 27 28 29 30 * 6 5 4 3 2 1

El Señor tu Dios está en medio de ti;

¡él es poderoso, y te salvará!

El Señor estará contento de ti.

Con su amor te dará nueva vida;

en su alegría cantará.

Sofonías 3:17 DHH

Introducción

Tú eres hermosa porque Dios te hizo, ¡y Él te ama! Cuando pasas tiempo con Él, te llena de amor, bondad, paz y alegría.

Este libro de devociones está escrito especialmente para niñas como tú. Te enseñará a confiar en Dios, a tomar buenas decisiones, y a ayudar a otros.

¡Fuiste creada para hacer algo especial! Dios siempre estará contigo, porque eres muy importante para Él. ¡Eres su niña!

Enero

Y ustedes pertenecen a Cristo,
y Cristo pertenece a Dios.

1 Corintios 3:23 NTV

1 DE ENERO

Un nuevo comienzo

Por lo tanto, el que está unido a Cristo
es una nueva persona.

2 Corintios 5:17 dhh

Sara miró a su nuevo hermanito. ¡Era muy lindo! Sus pequeños deditos se agarraron al de ella, y su boca se abría y se cerraba mientras le miraba. Ella se preguntaba cuándo comenzaría a hablar y caminar.

Los bebés son un buen ejemplo de algo nuevo. Cuando le pides a Jesús que entre en tu corazón, Él se lleva todas las cosas malas que has hecho y te hace nueva, como una bebé. Hoy puedes comenzar de nuevo con Jesús.

Querido Jesús, creo en ti. Por favor, perdona mi pecado y hazme nueva. Amén.

¿Le has dado tu corazón a Jesús?

2 DE ENERO

Quédense quietos

«Quédense quietos,
reconozcan que yo soy Dios».
SALMOS 46:10 NVI

Cuando te sientes muy molesta, puede ser difícil decidir no gritar o enojarte. En lugar de dejar que los sentimientos te controlen, puedes alejarte o hablar con tu mamá, tu papá o un maestro.

Dios puede ayudarte. Cuando te alejas de una pelea, o si todo lo que te rodea parece una locura, no estás sola. ¡Dios está contigo!

Querido Jesús, ayúdame cuando me sienta molesta. Tú eres más grande que mis problemas. Amén.

¿Cómo puedes estar tranquila cuando te sientes molesta?

3 DE ENERO

Ora por ello

No se preocupen por nada,
más bien pídanle al Señor lo que necesiten.

Filipenses 4:6 PDT

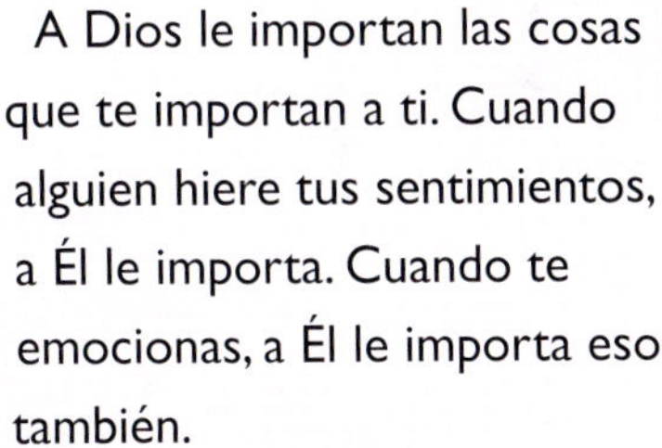

A Dios le importan las cosas que te importan a ti. Cuando alguien hiere tus sentimientos, a Él le importa. Cuando te emocionas, a Él le importa eso también.

Orar es tan simple como decirle a Dios lo que estás sintiendo y pensando. Es como hablar con tu mamá, con tu papá, o con una amiga. ¡Puedes decirle cualquier cosa!

Querido Dios, te diré lo que estoy sintiendo y pensando porque tú me cuidas. Amén.

¿Qué quieres decirle a Dios hoy?

4 DE ENERO

Dios es fuerte

Dios es capaz de cuidarnos
para que no caigamos.
JUDAS 1:24 PDT

Olivia se tropezó con una grieta en el sendero. Su papá estiró el brazo y la agarró antes de que se cayera. Igual que el papá de Olivia, Dios está listo para agarrarte cuando te caes.

Todo el mundo comete errores. Dios puede ayudarte cuando lo hagas. Él se queda a tu lado, aunque vayas demasiado rápido o no tengas cuidado con lo que dices o haces.
Dios es un buen padre.

Querido Dios, ayúdame a escoger las cosas correctas. Amén.

¿Con qué necesitas la ayuda de Dios?

5 DE ENERO

Comparte con otros

No se olviden de hacer el bien a los demás
ni de compartir con otros lo que tienen,
porque esos son los sacrificios que agradan a Dios.

Hebreos 13:16 PDT

Era el cumpleaños de Emma. Su mamá hizo un pastel, y Emma recibió regalos después de la cena. ¡Fue maravilloso! Emma tenía una idea de cómo hacerlo aún mejor. ¡Podía compartir su felicidad con sus amigas!

Emma compartió su pastel con la vecina y se sintió muy bien cuando vio la sonrisa en su cara. Compartir puede hacer feliz a los demás, y puede hacerte feliz a ti también. A Dios le gusta cuando compartes.

Querido Jesús, muéstrame qué puedo compartir con otros. Amén.

¿Qué puedes compartir con otros hoy?

6 DE ENERO

Buenos pensamientos

Piensen en cosas excelentes
y dignas de alabanza.

FILIPENSES 4:8 NTV

Tu mente no siempre querrá pensar en cosas buenas. Cuando estés enojada, tengas envidia o estés triste, tus sentimientos pueden tomar el control de tus pensamientos. No pasa nada si eso ocurre. El truco es no dejar que siga así todo el día.

Piensa en aquello por lo que estás agradecida. Cuantas más cosas excelentes observes en tu vida, más fácil será pensar en lo bueno.

Querido Jesús, ayúdame a mantener mi mente enfocada en lo bueno. Amén.

¿Por qué estás agradecida ahora mismo?

7 DE ENERO

La paz de Jesús

Permitan que la paz de Cristo controle siempre su manera de pensar.

Colosenses 3:15 PDT

La paz es algo maravilloso. Es tranquila como un lago que no tiene olas ni movimiento en el agua. Puedes sentir esa clase de paz en tu corazón cuando confías en Jesús.

En la Biblia, a Jesús se le llama Príncipe de paz. Él promete ayudar a todos los que le pidan ayuda. Si estás preocupada, puedes hablar con Jesús. Su paz es un lugar seguro.

Querido Jesús, por favor permite que sienta tu paz como un abrazo que rodee mi corazón. Amén.

¿Qué te hace sentir segura y en paz?

8 DE ENERO

Creada a imagen de Dios

...las personas, creadas a imagen de Dios.

Santiago 3:9 NVI

Fuiste creada a imagen de Dios. Eso significa que fuiste creada para ser como Dios. Cada parte de ti es especial. Tu alegría, tu corazón bondadoso y tu amabilidad son solo algunas de las cosas que Dios puso en ti.

Lo mismo ocurre con las demás personas. Cada persona que ves fue creada por Dios igual que tú. Por muy diferente a ti que sea alguien, esa persona es creación de Dios.

Querido Dios, ayúdame a amar a las personas que son diferentes a mí. Amén.

¿Qué diferencias ves entre tus amigos y tú?

9 DE ENERO

Orgulloso de ti

Nosotros somos obra de Dios, creados en Jesucristo para realizar las buenas obras que Dios ya planeó de antemano.

Efesios 2:10 PDT

Elena tenía que hacer un proyecto para la escuela. Se esforzó mucho, y cuando le pusieron un sobresaliente, estaba muy orgullosa de sí misma. Sus padres también lo estaban.

Tú eres creación de Dios, y Él está muy orgulloso de ti. Está contento con cómo te creó, y te ama mucho. Cuando sientas que no eres importante, recuerda que Dios te creó para un propósito especial.

Querido Dios, ayúdame a saber que estás orgulloso de mí. Amén.

¿Sabes que Dios está orgulloso de ti simplemente porque te creó?

Más para aprender

Qué preciosos son tus pensamientos
acerca de mí, oh Dios.
¡No se pueden enumerar!
Ni siquiera puedo contarlos;
¡suman más que los granos de la arena!

SALMOS 139:17-18 NTV

Lili fue a la playa con su familia. Construyó castillos de arena y saltó en las olas. Le gustaba mucho cavar en la arena. Incluso enterró a su papá en ella con la ayuda de su mamá y su hermano.

En el mundo hay tanta arena que no podrías contarla. Los pensamientos de Dios son como cada grano de arena. ¡Hay demasiados para poder contarlos! Siempre hay algo nuevo que aprender acerca de Dios.

Querido Jesús, quiero aprender más de ti cada día. Amén.

¿Puedes decir algo nuevo que has aprendido de Dios?

Pide ayuda

Dios les da nuevas fuerzas
a los débiles y cansados.
Isaías 40:29 TLA

Cuando estés cansada, es bueno pedir ayuda. Igual que tu familia te ayuda, a Dios le encanta ayudarte.

Dios creó el mundo entero y todo lo que hay en él, incluyéndote a ti. Él sabe lo que necesitas. No tienes que tener miedo de pedirle cualquier cosa. Él te dará fuerzas cuando estés cansada y te sientas débil. ¡Solo pídeselo!

Querido Dios, por favor ayúdame cuando esté cansada. Amén.

¿En qué le puedes pedir a Dios que te ayude?

El mejor maestro

No te creas más sabio que los demás;
respeta al Señor y aléjate del mal.

Proverbios 3:7 PDT

A veces, aunque intentes hacer algo de la manera correcta, podrías cometer errores. Es bueno admitir cuando haces algo mal. Nadie es perfecto excepto Dios.

Dios siempre sabe lo que es mejor. Pídele ayuda cuando cometas errores y pídele perdón cuando necesites hacerlo. A Dios le encanta ayudarte siempre que lo necesitas.

Querido Dios, gracias por mostrarme lo que es correcto. Amén.

¿Qué puedes hacer después de cometer un error?

13 DE ENERO

Sé amable

¡Qué sabrosos son los chismes,
pero cuánto daño causan!
PROVERBIOS 18:8 TLA

Chismear es decir cosas malas de las personas cuando no están presentes. Puede ser cruel y hasta mentira. Si alguien dijera cosas malas de ti cuando tú no estás, ¿cómo te haría sentir?

Una parte importante de ser una buena persona es decir palabras amables. Las palabras pueden hacer que la gente se sienta bien o mal. Usa tus palabras para animar a otros. Cuando usas palabras amables, agradas a Dios.

Querido Dios, ayúdame a hablar bien de los demás, aunque no estén. Amén.

¿Qué deberías hacer si alguien te quiere contar un chisme?

Escoger a los amigos

El buen amigo da buenos consejos;
el malvado se pierde en su maldad.

Proverbios 12:26 TLA

Una vez había una cabrita que perdió a su mamá. Se hizo amiga de un perro, y a medida que crecía, se comportaba más y más como un perro. Nunca aprendió a ser una cabra.

Te parecerás a las personas con las que pasas tiempo, así que es importante escoger muy bien a tus amigos. Pasa tiempo con personas buenas y amables que te ayuden a ser más como Dios.

Querido Dios, ayúdame a escoger bien a mis amigos. Amén.

¿Tienes amigos que toman buenas decisiones?

Perdona

El perdón restaura la amistad,
el rencor la termina.
PROVERBIOS 17:9 PDT

Mia y Sofía tuvieron una gran pelea. Sofía le dijo algo cruel a Mia, y Mia le dijo algo cruel también. Su mamá les ayudó a calmarse y pedir perdón. Las hermanas se perdonaron la una a la otra y siguieron jugando.

La Biblia dice que cuando amas a alguien, le perdonas, y no tienes que seguir hablando de su error. Cuando Dios te perdona, Él no se acuerda más de tu pecado

Querido Jesús, ayúdame a perdonar a otros y no seguir hablando de sus errores. Amén.

¿Cómo te sientes cuando una amiga te perdona?

16 DE ENERO

Dios te ve

Oh Señor, has examinado mi corazón
y sabes todo acerca de mí.

Salmos 139:1 NTV

Ester se lo estaba pasando bien con sus amigas hasta que dijeron que era demasiado mandona. Ella no quería ser mandona. Solo quería que todos jugaran juntos.

¿Alguna vez te has sentido herida cuando otros no entendieron lo que estabas haciendo? Dios ve tu corazón, aunque otros no lo vean. Él te conoce y te ama. Por muy sola que te sientas, Dios siempre está contigo.

Querido Jesús, me alegra que me conozcas mejor que nadie. Amén.

¿Hablas con Dios cuando te sientes sola?

17 DE ENERO

Padre y creador

«¿Y por qué preocuparse por la ropa?
Miren cómo crecen los lirios del campo.
No trabajan ni cosen su ropa».

MATEO 6:28 NTV

Tus padres te cuidan. Te dan lo que necesitas y también te dan cosas divertidas. ¿Te ha cocinado tu mamá alguna vez alguna comida especial? Tal vez tu papá te ayudó a construir un set de Lego. Ellos te aman y les encanta cuando disfrutas de lo que han hecho.

Dios hizo el mundo hermoso para que pudieras disfrutarlo. Todo lo que Él creó te recuerda que es un buen Padre al que le encanta hacer felices a sus hijos. Cuando veas cosas estupendas, ¡dale gracias a Dios por ellas!

Querido Dios, gracias por este mundo hermoso en el que vivo. Amén.

¿Qué cosas hermosas ves por tu ventana?

18 DE ENERO

Sin cansancio

Los que tienen su esperanza puesta
en el SEÑOR renovarán sus fuerzas.
Les crecerán alas como a las águilas;
correrán sin fatigarse,
caminarán sin cansarse.

Isaías 40:31 PDT

Clara corría muy rápido. Corría al buzón para recoger las cartas de su mamá. Corría con sus amigas en la escuela. Clara también tenía momentos en los que se sentía cansada.

Dios dice que, cuando nuestra esperanza está en Él, es como correr sin cansarse nunca. Aunque tu cuerpo esté cansado, tu corazón puede seguir confiando en Dios.

Querido Jesús, no quiero cansarme de hacer lo correcto. Amén.

¿Qué es algo que nunca te cansas de hacer?

19 DE ENERO

Escucha y actúa

El que oye el mensaje de Dios sin obedecer lo que dice es como el que se mira en un espejo. Se mira en el espejo, se va y pronto olvida lo mal que se veía.

Santiago 1:23-24 PDT

La mamá de Herminia le dijo que tomara su chaqueta antes de salir de la casa, pero ella corrió al auto sin ella. Pronto tuvo frío. Sabía que debía haber hecho caso a su mamá.

Si Herminia hubiera hecho lo que su mamá dijo, habría estado calentita. Es importante escuchar la voz de Dios también. Él siempre sabe lo que es mejor para ti.

Querido Dios, quiero hacer lo que tú digas. Amén.

¿Qué te ha pedido Dios que hagas últimamente?

20 DE ENERO

Sé agradecida

…dando gracias a Dios Padre a través de Jesús.

Colosenses 3:17 PDT

Cuando decides hacer lo correcto, puede ser un regalo para Dios. La adoración es más que solo cantar canciones. Escuchar a tus padres y compartir con amigos son otras maneras de adorar a Dios.

El agradecimiento es una forma de adorar a Dios también. Si estás agradecida por lo que tienes, ¡díselo a Dios!

Querido Dios, ayúdame a ser agradecida y a compartir lo que tengo. Amén.

¿Cómo puedes mostrarle tu agradecimiento a Dios hoy?

21 DE ENERO

Adorar con talentos

«El Señor llenó a Bezalel del Espíritu de Dios,
y le dio gran sabiduría, capacidad y destreza
en toda clase de artes manuales y oficios».

Éxodo 35:31 NTV

A Carla se le daba muy bien hacer reír a la gente. Le gustaba ser graciosa y contar chistes. ¿Podría el humor de Carla ser su manera de adorar a Dios?

Cuando usas los talentos que Dios te dio, lo estás adorando. Usar esas habilidades que Él te ha dado te dará alegría. Piensa en formas en las que puedas adorar a Dios.

Querido Dios, usaré aquello que se me da bien para adorarte hoy. Amén.

¿Qué se te da bien?

22 DE ENERO

No tan pesado

Cristo nos dio libertad para que seamos libres.
Por lo tanto, manténganse ustedes firmes.

GÁLATAS 5:1 DHH

Graciela fue a una caminata con su familia y llevaba agua y aperitivos en su mochila. Cuando se quitó la mochila para hacer un descanso para comer, ¡no podía creer cuán ligera se sentía!

El perdón es como quitarse una mochila pesada de la espalda. Cuando Jesús te perdona, ya no necesitas cargar tus errores. Disfruta de la ligereza que sientes gracias a su perdón.

Querido Jesús, gracias por la ligereza que tengo porque tú te llevaste mi pecado. Amén.

¿Qué cosas pesadas puedes entregarle hoy a Dios?

Dios está contigo

Pues el Señor Dios de ustedes los ha bendecido en todo lo que han hecho.

Deuteronomio 2:7 NTV

En el Antiguo Testamento, Dios le dijo a su pueblo que Él los llevaría a la Tierra Prometida. Antes de eso, habían vagado en el desierto durante cuarenta años. Dios hizo que cayera comida del cielo y que saliera agua de las piedras. Nunca tuvieron hambre o sed.

Dios siempre te dará a ti también lo que necesites. Él te cuida y te protege.

Querido Dios, gracias por cuidarme. Amén.

¿Crees que Dios está contigo?

24 DE ENERO

Dios es bueno

Tú eres Dios perdonador,
misericordioso y compasivo,
lento para la ira y grande en amor.

Nehemías 9:17 NVI

¿Alguna vez has tenido miedo de Dios? Recuerda lo que dice la Biblia sobre quién es Dios. Él es bueno y está lleno de amor. No está enojado contigo y siempre te perdonará. Da igual lo que hayas hecho, le puedes decir a Dios cualquier cosa. Él puede ayudarte a manejar tus mayores errores y darte paz. Es paciente y bondadoso.

Querido Jesús, gracias por ser bondadoso. Cuando tenga miedo, iré a ti. Amén.

¿A quién conoces que es bondadoso?

25 DE ENERO

No más listas

El amor no lleva cuenta de las ofensas.

1 Corintios 13:5 PDT

Aria amaba a su hermana. Jugaban todos los días. Cuando se peleaban, hacían las paces y jugaban juntas de nuevo.

Dios es rápido para perdonar, y tú también deberías serlo. Dios no lleva una lista de todos tus errores, y tú también deberías deshacerte de la lista que tengas.

Querido Dios, ayúdame a perdonar a otros rápidamente. Amén.

¿Qué errores necesitas olvidar hoy?

Igual que Jesús

Vivan una vida llena de amor,
siguiendo el ejemplo de Cristo. Él nos amó
y se ofreció a sí mismo por nosotros.

Efesios 5:2 NTV

Jesús es el líder perfecto al que puedes seguir. Él siempre ayudó a otros antes de ayudarse a sí mismo. Se daba cuenta cuando alguien se sentía solo o desplazado. Hablaba con Dios y hablaba a otros acerca de Dios.

Hay muchas maneras en las que puedes amar como Jesús ama. Busca niños y niñas en la escuela, en tu vecindario o en la iglesia que necesiten una amiga.

Querido Jesús, enséñame a amar a las personas como tú las amas. Amén.

¿Para quién puedes ser hoy una buena amiga?

27 DE ENERO

Sacrificio

Puesto que Dios nos ha mostrado tanta misericordia, les ruego que entreguen todo su ser como sacrificio vivo a Dios.

Romanos 12:1 PDT

Sacrificio significa dar algo que es importante para ti. ¿Qué pasaría si le dieras lo que más te gusta de tu almuerzo a alguien que no tenía mucho para comer? Jesús no necesita que compartas tu almuerzo con Él. Quiere que compartas tu vida. Dale gracias por las cosas buenas que Él te ha dado y compártelas con los demás.

Querido Jesús, ayúdame a amarte amando a las personas que tengo cerca. Amén.

¿Qué puedes entregarle hoy a Dios?

28 DE ENERO

La bondad de Dios

Quedaré muy satisfecho,
como el que disfruta de un banquete delicioso,
y mis labios te alabarán con alegría.
SALMOS 63:5 DHH

Lucía tenía tantas ganas de que llegara su cumpleaños que hizo una cuenta atrás en el calendario. Le encantaba recibir regalos, comer comida especial, y pasar tiempo con su familia y sus amigos. En su cumpleaños se sentía feliz y especial.

¿Alguna vez te has sentido triste cuando un día emocionante se terminó? La bondad de Dios dura para siempre. Él puede ayudarte a encontrar cosas buenas incluso en días normales.

Querido Dios, gracias por mostrarme amor todos los días. Amén.

¿Qué te encanta de tu vida?

29 DE ENERO

Ser una amiga fiel

El amigo siempre es amigo,
y en los tiempos difíciles es más que un hermano.
Proverbios 17:17 TLA

¿Qué significa ser fiel? Significa que te quedas al lado de alguien pase lo que pase. No los abandonarás cuando otros lo hagan. Un amigo fiel es un buen amigo.

Una forma en la que puede ser una amiga fiel es decirles a otros que no digan cosas malas de tus amigos. Un amigo fiel dice la verdad y anima a otros a usar palabras de ánimo.

Querido Jesús, ¡gracias por ser el amigo más fiel! Amén.

¿Cómo puedes ser una amiga que anima a otros hoy?

30 DE ENERO

Dios siempre ayuda

Si a alguno de ustedes le falta sabiduría,
pídasela a Dios, y él se la dará.
Dios es generoso y nos da todo con agrado.

Santiago 1:5 PDT

Hay momentos en los que no sabes lo que debes hacer. Incluso los adultos no conocen todas las respuestas. La Biblia dice que puedes preguntarle a Dios cuando no estés segura de qué hacer. Una de sus cosas favoritas es ayudarte.

Nunca deberías avergonzarte por no saber la respuesta a algo. Tu Padre celestial siempre tiene las respuestas. Él lo sabe todo, ¡así que pregúntale!

Querido Dios, cuando no sepa lo que hacer, por favor ayúdame. Amén.

¿Has probado a preguntarle a Dios cuando necesitas ayuda?

31 DE ENERO

Lo que no puedes ver

Pues vivimos por lo que creemos
y no por lo que vemos.
2 Corintios 5:7 NTV

Fe significa creer en algo que no puedes ver. No puedes ver a Jesús. No lo viste morir en la cruz con tus propios ojos, pero aun así crees que sucedió.

Solo porque no puedas ver algo no significa que no existe. No puedes ver el viento, pero lo puedes sentir. No puedes ver el calor del sol, pero puedes sentirlo en tu cara. La fe es igual.

Querido Jesús, creo en ti, aunque no pueda verte. Gracias por tu amor. Amén.

¿Qué no puedes ver, pero sabes que es real?

Febrero

Pero nosotros no somos capaces
de hacer algo por nosotros mismos;
es Dios quien nos da la capacidad
de hacerlo.

2 Corintios 3:5 TLA

1 DE FEBRERO

Siempre cerca

El SEÑOR está cerca de todos los que lo buscan;
de los que lo buscan sinceramente.

SALMOS 145:18 PDT

A Sara le gustaba hacer trabajo de jardinería. Su mamá prometió llevarla a la tienda de plantas el fin de semana. El sábado, la mamá de Sara estaba ocupada limpiando y después recibió una llamada para ir a trabajar. Sara estaba decepcionada y triste.

A veces, las personas no pueden cumplir sus promesas, pero Dios cumple todas sus promesas. Él nunca se olvida. Siempre puedes depender de Dios.

Querido Dios, gracias porque nunca rompes tus promesas. Amén.

¿Hay alguna promesa que puedas cumplir hoy?

Dios es primero

[Daniel] se arrodilló para orar y dar gracias a Dios, tal como siempre lo hacía tres veces al día.

DANIEL 6:10 PDT

Para Daniel era peligroso orar a Dios. No estaba permitido orar o adorar a nadie que no fuera el rey de esa tierra. Daniel fue valiente y decidió seguir orando a Dios, aunque fuera castigado por ello.

Cuando Daniel fue lanzado al foso de los leones, Dios lo protegió. Dios hizo un milagro y mantuvo cerradas las bocas de los leones. Daniel no dejó que algo peligroso o que le asustaba le detuviera de adorar a Dios.

Querido Dios, quiero confiar en ti como hizo Daniel. Amén.

¿Qué cosa valiente has hecho?

3 DE FEBRERO

Un corazón alegre

La alegría es como una buena medicina,
pero el desánimo es como una enfermedad.

PROVERBIOS 17:22 PDT

¿Alguna vez has estado con alguien que estaba de mal humor? ¿Te hizo sentir mal a ti también? Está bien sentirse triste, pero no es bueno tratar mal a los demás solo porque tú te sientes así.

Si no sientes alegría hoy, pídele a Dios que te recuerde las cosas buenas que Él te ha dado. La alegría es una buena medicina para tu corazón.

Querido Dios, ayúdame a compartir mi corazón alegre con otros. Amén.

¿Cómo puedes compartir tu alegría?

4 DE FEBRERO

Solo la verdad

Ahora bien, como Dios no miente,
su promesa y su juramento no pueden cambiar.
HEBREOS 6:18 TLA

Alguien que no miente es sincero. Siempre dice la verdad. No pasa nada por admitir cuando no sabes algo. Pasarás toda tu vida aprendiendo cosas nuevas.

Es imposible que Dios mienta. Puedes confiar en que lo que lees en la Biblia es verdad.

Querido Dios, tú siempre dices la verdad.
Ayúdame a seguir aprendiendo de ti. Amén.

¿Cómo te hace sentir saber que Dios no puede mentir?

5 DE FEBRERO

La mejor manera de vivir

¡Oh, cuánto amo tus enseñanzas!
Pienso en ellas todo el día.

SALMOS 119:97 NTV

Jesús dijo que lo mejor que puedes hacer en tu vida es amar a Dios con todo tu corazón. Lo siguiente mejor que puedes hacer es amar a otros igual que te amas a ti misma.

Es importante pensar en cómo se sienten los demás. Si sabes lo que les gusta a tus padres, hermanos y amigos, puedes hacer esas cosas con ellos. Piensa en cómo puedes amar mejor a Dios y a los demás.

Querido Dios, quiero amarte bien a ti y a los demás. Amén.

¿Cómo puedes amar a otras personas hoy?

6 DE FEBRERO

La bendición de Dios

«El Señor te bendiga y te guarde;
el Señor mueva su rostro hacia ti
y te conceda la paz».

Números 6:24, 26 NVI

Es bueno tener personas que te hacen sentir segura y amada. Dios es esa persona para ti. Él es el lugar más seguro. Estar cerca de Él es el mejor lugar en el que puedes estar.

Dios está de tu lado animándote. Él cuidará de ti y de tu familia. Su amor te rodea como un gran abrazo.

Querido Dios, gracias por cómo me amas. Amén.

¿Cómo cuida Dios de ti y de tu familia?

7 DE FEBRERO

Con palabras amables

La respuesta amable calma la ira,
pero la agresiva provoca el enojo.
PROVERBIOS 15:1 NVI

Anita estaba muy enojada con su hermano. Ella le gritó, y él gritó de vuelta. Igual que las palabras agresivas pueden hacer que una pelea no se acabe, las palabras amables o un abrazo suave pueden ayudar a las personas a calmarse.

Las palabras amables pueden traer paz, pero las palabras agresivas empeoran las cosas. No puedes controlar el enojo de los demás, pero puedes controlar cómo actúas tú. La próxima vez que estés enojada, escoge una respuesta amable.

Querido Dios, quiero ayudar a las personas a calmarse. Por favor, enséñame cómo. Amén.

¿Qué te ayuda a calmarte cuando estás enojada?

8 DE FEBRERO

Mamás y papás

Honra a tu padre y a tu madre, como el Señor tu Dios te lo ha ordenado, para que disfrutes de una larga vida y te vaya bien en la tierra que te da el Señor tu Dios.

Deuteronomio 5:16 NVI

Honra a tu padre y a tu madre. Tal vez lo has escuchado antes, pero ¿qué significa? La honra se parece mucho al respeto.

Puedes honrar a tus padres recogiendo las cosas que desordenas, dándoles las gracias por lo que hacen por ti, y obedeciéndolos. Dios dice que, si honras a tus padres, tendrás una larga vida.

Querido Dios, ayúdame a honrar a mis padres con lo que hago y cómo hablo. Amén.

¿Cómo puedes honrar hoy a tus padres?

Eres amada

«Yo seré su Padre,
y ustedes serán mis hijos e hijas».
2 Corintios 6:18 NTV

Dios es el más poderoso. Es un rey sabio y un gobernador justo. Este Dios asombroso creó el universo y todo lo que hay en él. Tú eres su hija y Él te ama profundamente.

Cuando pasas tiempo hablando con Dios, Él se alegra. Cuando le pides ayuda, comparte contigo lo que tiene. Cuando pienses en Dios, recuerda que Él es fuerte y te ama.

Querido Dios, gracias por hacerme tu hija. Amén.

¿Qué hacen los padres buenos por sus hijos?

10 DE FEBRERO

Es mejor decir la verdad

Las palabras veraces soportan la prueba del tiempo, pero las mentiras pronto se descubren.

Proverbios 12:19 TLA

Elisa tomó la muñeca de su hermana. Mientras jugaba con ella, la cabeza se rompió. En lugar de decir la verdad, mintió y dijo que no sabía lo que había pasado.

A veces las personas hacen cosas que saben que están mal. Siempre es mejor decir la verdad, aunque tengas miedo al castigo. Hace falta valentía, pero Dios te ayuda a ser valiente y sincera.

Querido Dios, necesito ayuda para ser sincera. Dame la valentía para decir siempre la verdad. Amén.

¿Cómo puedes ser valiente y decir la verdad hoy?

11 DE FEBRERO

Todos tienen una tarea

«Al que cuida bien lo que vale poco,
también se le puede confiar lo que vale mucho».

Lucas 16:10 TLA

Todos en la casa tienen tareas que hacer. Un día, la mamá de Gaby le pidió que limpiara el baño antes de que llegaran los invitados. Gaby había hecho un buen trabajo con sus otras tareas, así que su mamá confió en ella para que hiciera más.

A medida que crezcas, te darán más responsabilidades. También podrás tomar más decisiones tú sola.

Querido Dios, ayúdame a hacer las cosas que me piden mis padres. Amén.

¿Qué tareas haces en tu casa?

12 DE FEBRERO

Sin preocupaciones

«Por mucho que uno se preocupe, ¿cómo podrá prolongar su vida ni siquiera una hora?».

MATEO 6:27 DHH

Amelia tenía un examen el lunes. No podía dejar de pensar en ello. ¿Sabría todas las respuestas? Pasó todo el fin de semana preocupándose por ello, y se sentía angustiada.

No saber lo que va a ocurrir puede dar miedo. Preocuparse solo te hará sentir mal. Con Dios puedes hablar de tus preocupaciones. Él te dará paz en lugar de temor.

Querido Jesús, cuando esté preocupada, por favor recuérdame entregarte mis miedos. Amén.

¿Qué puedes hacer cuando te sientes preocupada?

El templo de Dios

¿Acaso no saben ustedes que son templo de Dios, y que el Espíritu de Dios vive en ustedes?

1 Corintios 3:16 DHH

Un templo es un lugar especial al que la gente va para adorar a Dios. En el Antiguo Testamento había muchas normas sobre lo que la gente podía y no podía hacer. Había que adorar a Dios de una forma concreta. Ahora es diferente gracias a lo que Jesús hizo en la cruz.

Cuando le pides a Jesús que entre en tu corazón, tu cuerpo se convierte en el templo de Dios. Su Espíritu Santo vive dentro de ti. Eso significa que puedes adorar a Dios estés donde estés.

Querido Jesús, gracias por abrir un camino para que pueda estar cerca de ti todo el tiempo. Amén.

¿Qué tan cerca sientes a Dios?

El amor no es envidioso

El amor no es envidioso.
No es presumido ni orgulloso.
1 Corintios 13:4 PDT

Samanta y Daniela eran mejores amigas. Jugaban la una en la casa de la otra todas las semanas. Samanta tenía muchos juguetes hermosos. Daniela tenía aperitivos deliciosos. Las dos tenían cosas que la otra quería, y a veces tenían envidia la una de la otra.

La Biblia nos enseña que el amor no es envidioso. Decide ser agradecida con lo que tienes. No tengas envidia de lo que otros tienen. Mejor alégrate por ellos.

Querido Dios, ayúdame a ser agradecida con lo que tengo y a no ser envidiosa. Amén.

¿Qué estás agradecida de tener?

15 DE FEBRERO

El amor es perfecto

El amor no tiene fin.

1 Corintios 13:8 PDT

La abuela de Patricia traía rosquillas caseras cuando llegaba de visita. ¡Las rosquillas eran el postre favorito de Patricia! Ella comía una sola cada vez para que duraran más.

El amor de Dios es mejor que cualquier postre, ¡y nunca se acaba! Siempre hay más. Por muchos errores que cometas, Él te sigue amando. Te ama pase lo que pase.

Querido Dios, gracias por amarme, aunque cometa errores. Amén.

¿Cómo puedes mostrar amor hoy?

16 DE FEBRERO

La compasión es importante

«Sean compasivos,
así como su Padre es compasivo».
LUCAS 6:36 NVI

Compasión significa tratar a los demás mejor de lo que merecen. Es decidir ser amable, aunque los demás no lo sean. Jesús dice que debes amar incluso a las personas que no son amables. Dios es compasivo contigo y te perdona cuando te equivocas. Él te pide que hagas lo mismo por los demás. Cuando tu amiga hiera tus sentimientos, ser compasiva es perdonar con amor.

Querido Dios, gracias por ser compasivo conmigo. Amén.

¿Con quién necesitas ser compasiva?

17 DE FEBRERO

El fruto del Espíritu

El fruto del Espíritu es amor, alegría, paz, paciencia, amabilidad, bondad, fidelidad, humildad y dominio propio.

Gálatas 5:22-23 NVI

¿Cuál es tu fruta favorita? ¿Crece en tu jardín, o la consigues en el supermercado? Para que una semilla crezca y dé fruto, hay que esperar. La Biblia dice que, cuando sigues a Jesús, el Espíritu Santo hace que crezca fruto en tu vida.

El amor, la alegría, la paz, la paciencia, la amabilidad, la bondad, la fidelidad, la humildad y el dominio propio son frutos espirituales: cosas buenas que Dios planta en ti. Crecer les toma tiempo, pero puedes practicar haciendo todas estas cosas ahora mismo.

Querido Dios, gracias por el fruto que me da tu Espíritu. Amén.

¿De cuál fruto del Espíritu te gustaría tener más?

18 DE FEBRERO

Vacía tu cubo

«No se preocupen por el mañana, porque el día de mañana traerá sus propias preocupaciones».

MATEO 6:34 NTV

Laura decidió llenar su piscina con un cubo. Llenó el cubo con la manguera del jardín y después vació el agua en la piscina. Cuando el cubo estuvo vacío, pudo llenarlo de nuevo con agua de la manguera.

Preocuparse por el día de mañana es como tener un cubo lleno e intentar llenarlo más. No es práctico. Cada día tendrá sus problemas, grandes o pequeños. Preocuparse por esos problemas antes de que ocurran no ayuda. Mejor presta atención a lo que tiene que ocurrir hoy.

Querido Dios, ayúdame a enfocarme en el día de hoy sin preocuparme por el día de mañana. Amén.

¿Qué tienes que hacer hoy?

19 DE FEBRERO

La bandera de Jesús

«Hagan brillar su luz delante de todos, para que ellos puedan ver las buenas obras de ustedes y alaben a su Padre que está en los cielos».

MATEO 5:16 NVI

Hace mucho tiempo atrás, cuando los exploradores descubrían una tierra nueva, clavaban una bandera en ella. La bandera les decía a todos que esa tierra ya pertenecía a alguien. Las cosas que haces en tu vida son como esa bandera. La gente sabrá que le perteneces a Jesús por cómo te comportas. La manera en que tratas a la gente puede enseñarle al mundo acerca del amor de Dios.

Querido Dios, ayúdame a mostrar tu amor a otros. Amén.

¿Qué dicen tus actos acerca de Dios?

Ser humilde

Humíllense, pues, bajo la poderosa mano de Dios para que él los exalte a su debido tiempo.

1 Pedro 5:6 NVI

A Lea no le gustaba admitir cuando estaba equivocada. Ashley era diferente. Ella era humilde y no intentaba esconderse cuando se equivocaba.

Puedes confiar en Dios porque Él sabe cosas que tú no sabes. Sus planes son perfectos y hace las cosas bien. Tú eres humana, y los humanos cometen errores. Sé humilde al no intentar ser perfecta, y aprende de tus errores.

Querido Dios, ayúdame a ser humilde. Amén.

¿Qué lecciones has aprendido de tus errores?

Dios de milagros

De un salto se puso en pie
y comenzó a caminar.
HECHOS 3:8 NVI

En la Biblia, el libro de Hechos habla de un hombre que había nacido sin poder usar sus piernas. No podía caminar, correr o saltar. Alguien tenía que cargarlo a donde tuviera que ir.

Pedro oró por ese hombre en el nombre de Jesús, ¡y fue sanado de inmediato! Imagina lo emocionante que sería ver ese milagro. Tú también puedes orar por milagros.

Querido Dios, gracias por hacer milagros. Ayúdame a creer que tú sigues haciéndolos. Amén.

¿Qué milagro puedes pedirle hoy a Dios?

22 DE FEBRERO

Te haces más fuerte

Los sufrimientos nos enseñan a ser pacientes.
Si tenemos paciencia, nuestro carácter se fortalece.

ROMANOS 5:3-4 PDT

No todos los días tienen un final feliz. Tal vez pierdas algo importante o te enteres de que alguien a quien amas está enfermo. Pero incluso los problemas pueden enseñarte a ser más fuerte.

No te desanimes. Dios te ayudará. Pídele que te haga más fuerte en cada problema.

Querido Dios, confío en que tú me enseñarás y me harás más fuerte en medio de mis problemas. Amén.

Cuando lleguen los problemas, ¿a quién puedes acudir en busca de ayuda?

23 DE FEBRERO

Una mano que ayuda

¡Bendito seas siempre, nuestro Dios!
Tú, Dios y salvador nuestro,
nos ayudas en nuestros problemas.

SALMOS 68:19 TLA

Cecilia no encontraba su manta favorita. Buscó por todas partes. Cuando su papá llegó a la casa del trabajo, le ayudó a buscar su manta. La encontraron en su auto.

Dios siempre está pendiente de ti, te protege y te cuida. Puede ayudarte con cualquier cosa.

Querido Dios, gracias por tu ayuda incluso cuando no te veo. Amén.

24 DE FEBRERO

Ser valiente

Dios no nos ha dado un espíritu de temor,
sino un espíritu de poder, de amor y de buen juicio.

2 Timoteo 1:7-8 DHH

Luna estaba viendo televisión con sus padres cuando salió algo que le dio miedo. Cerró sus ojos y se acurrucó cerca de su mamá. Cuando tienes miedo, seguro que quieres que alguien más grande y más valiente que tú te proteja.

Dios está contigo todo el tiempo, y Él puede darte poder cuando tienes miedo. Puedes pedirle ayuda porque Él es más grande y más valiente que tú.

Querido Dios, cuando tenga miedo correré a ti. Amén.

¿Qué puedes hacer cuando tengas miedo?

25 DE FEBRERO

Toda tu fuerza

Ama al Señor tu Dios
con todo tu corazón,
con toda tu alma
y con todas tus fuerzas.

Deuteronomio 6:5 NVI

Todo tu ser es precioso para Dios. No tienes que esconder ninguna parte de ti porque Él ama todo de ti.

Amar a Dios con todo tu ser significa ser un buen amigo para Él. Le encanta cuando hablas con Él. Dile algo que te gusta de Él.

Querido Dios, gracias por amar todo de mí. Ayúdame a hacer lo mismo contigo. Amén.

¿Cómo puedes amar a Dios con todo tu ser?

26 DE FEBRERO

Decisiones correctas

La gracia de Dios… nos instruye a…
vivir con sabiduría, justicia y devoción a Dios.
TITO 2:11-12 NTV

Zoé estaba en la casa de su amiga. Cuando su amiga puso una película que a Zoé no le dejaban ver, Zoé pidió jugar mejor. A veces, lo que es correcto es diferente a lo que es más fácil hacer.

La gracia de Dios te enseña a decir no cuando debes hacerlo. Cuando parece difícil hacer lo correcto, recuerda que Dios está ahí para ayudarte.

Querido Dios, ayúdame a hacer lo correcto aun cuando sea difícil. Amén.

¿Qué decisión correcta tomaste hoy?

Un buen guardaespaldas

«Yo les dije esto para que encuentren paz en mí.
En el mundo ustedes tendrán que sufrir, pero,
¡sean valientes! Yo he vencido al mundo».

JUAN 16:33 PDT

Dios no dice que no tendrás problemas. Él dice que estará contigo. Saber que está contigo puede ayudarte a sentir paz.

A veces, las personas famosas necesitan guardaespaldas. El trabajo de un guardaespaldas es proteger a personas famosas. Dios es así contigo. Él enfrenta los problemas antes de que te afecten a ti.

Querido Dios, gracias por protegerme. Amén.

¿Con qué problema necesitas ayuda?

28 DE FEBRERO

Con tu corazón

«Este pueblo me honra con la boca,
pero su corazón está lejos de mí».

Marcos 7:6 DHH

Amanda estaba jugando a las damas con Julia. Amanda se enojó después de perder tres partidas seguidas, así que se fue. Después regresó para pedirle perdón a Julia. Aunque Amanda dijo que lo sentía, seguía enojada por haber perdido.

Es bueno pedir perdón, pero también es importante que tu corazón esté cerca de Dios. Puedes pedirle a Dios ayuda cuando tu corazón no quiera hacer lo correcto.

Querido Dios, ayúdame a honrarte con mis palabras y con mi corazón. Amén.

¿Cómo puedes mantenerte cerca de Dios?

Marzo

Con su poder divino, Jesús
nos da todo lo que
necesitamos para dedicar
nuestra vida a Dios.

2 Pedro 1:3 PDT

1 DE MARZO

Tu guía

Cuando a Dios le agrada la conducta de un hombre,
lo ayuda a mantenerse firme.

Salmos 37:23 tla

¿Alguna vez has ido a dar un paseo por el bosque? ¿Viste animales, árboles grandes, y pequeños insectos? Si vas de paseo con un guía, esa persona te puede decir qué es aquello que escuchas y ves, y puede mostrarte por dónde ir.

Dios es el mejor guía que pudieras tener. Él puede mostrarte las cosas con las que tienes que tener cuidado y aquellas que no puedes perderte. A Él le gusta mostrarte la mejor manera de vivir.

Querido Dios, por favor guíame. Quiero seguirte. Amén.

¿Qué significa seguir a Dios?

2 DE MARZO

Tómate tu tiempo

«Si me buscan de todo corazón,
podrán encontrarme».
JEREMÍAS 29:13 NTV

Catalina fue a la playa con su familia. Durante un ratito, buscó caracolas con su hermano. Después jugó en el agua mientras su hermano seguía buscando caracolas. Él encontró las mejores caracolas porque siguió buscando con paciencia y no se rindió.

Cuando pasas tiempo con Dios, lo encontrarás. No te rindas demasiado pronto; sigue buscando. Dios promete que, si lo buscas, lo encontrarás.

Querido Dios, gracias por no ser difícil de encontrar. Enséñame a buscarte. Amén.

¿Pasas tiempo con Dios cada día?

3 DE MARZO

Comida deliciosa

Quedaré muy satisfecho, como el que disfruta
de un banquete delicioso, y mis labios te alabarán
con alegría.

Salmos 63:5 DHH

¿Cuál es tu comida favorita? Imagina ver todas tus comidas favoritas sobre una mesa. Un banquete es un lugar en el que hay tanta comida que nadie puede comérsela toda.

El amor de Dios es como un gran banquete. Puede llenar tu corazón de alegría y paz. Él te da tantas cosas buenas que ninguna mesa podría ser lo suficientemente grande como para que quepan todas.

Querido Dios, gracias por todo lo que haces por mí. Amén.

¿Qué cosas buenas te ha dado Dios?

Dios está cerca

¿A dónde podría alejarme de tu Espíritu?
¿A dónde podría huir de tu presencia?

SALMOS 139:7 NVI

El Espíritu Santo es la presencia de Dios que vive dentro de ti. Piensa en el aire que respiras. No puedes verlo, pero entra y sale de tu cuerpo. El Espíritu de Dios es como el aire que te mantiene viva.

Nada de lo que hagas puede separarte de Dios. No puedes huir de Él. Él está en ti para enseñarte y consolarte.

Querido Dios, gracias por estar conmigo siempre. Amén.

¿Cómo te ayuda el Espíritu Santo?

5 DE MARZO

Maestros

Háganles caso a sus líderes y respeten su autoridad, porque ellos son responsables de ustedes.

HEBREOS 13:17 PDT

Los padres y otros adultos en tu vida están ahí para ayudarte y enseñarte cosas importantes. Cuanto más aprendas, más crecerás.

Debes respetar a tus maestros. Sé educada y usa palabras amables. Sigue sus instrucciones. También puedes orar por tus maestros. ¡Tienen una tarea importante!

Querido Dios, ayúdame a respetar a mis maestros con mis palabras y acciones. Amén.

¿Cómo puedes respetar a tus maestros?

Estudia a Dios

¡Dios es inmensamente rico! ¡Su inteligencia y su conocimiento son tan grandes que no se pueden medir!

ROMANOS 11:33 TLA

Cuanto más tiempo pases con alguien, más conocerás su forma de ser. Puedes leer sobre Dios en la Biblia o hablar con Él orando. Nunca te aburrirás aprendiendo de Dios. Siempre hay algo nuevo que Él quiere mostrarte.

Querido Dios, muéstrame algo nuevo de ti hoy. Amén.

¿Cómo puedes conocer a Dios?

7 DE MARZO

Hermosa creación

La hormiga no tiene quién la mande, ni jefe ni líder.
Sin embargo, durante el verano reúne todo su alimento;
guarda su comida en la cosecha.

PROVERBIOS 6:7-8 PDT

Toda la creación nos enseña quién es Dios. Las hormigas guardan comida para el invierno, enseñándote la importancia de trabajar duro. Las flores se giran hacia el sol, recordándote mirar a Dios y buscar en Él lo que necesitas.

Mira hoy a tu alrededor y observa todas las cosas hermosas que Dios creó.

Querido Dios, ayúdame a ver cómo eres a través de este hermoso mundo. Amén.

¿Qué ves que te recuerda a Dios?

8 DE MARZO

Consuela a otros

Dios es nuestro Padre misericordioso
y la fuente de todo consuelo.
2 Corintios 1:3 NTV

Melinda se levantó de su pupitre y fue por su bolsa del almuerzo. Se tropezó y se cayó delante de toda la clase. Eva ayudó a Melinda a levantarse. Juntas, fueron a almorzar.

Eva consoló a Melinda ayudándola y estando a su lado. Dios es así. Cuando estás ahí para tus amigos, muestras el amor y el consuelo que Dios te muestra a ti.

Querido Dios, ayúdame a amar y ayudar a otros para que puedan ver tu amor. Amén.

¿Qué te hace sentir mejor cuando estás molesta?

El mejor consolador

El SEÑOR ha consolado a su pueblo,
ha tenido compasión de él en su aflicción.

ISAÍAS 49:13 DHH

Cuando estás enferma, tienes que quedarte en casa y descansar. Tal vez tu mamá te envuelve en una manta suave, te lleva algo calentito para comer o beber, e intenta hacerte sentir más cómoda.

A Dios le importas. Cuando estás triste, Él te consuela. Puedes descansar y saber que Él te ama. Está contigo y te ayudará a sentirte mejor.

Querido Dios, gracias por cuidarme mejor que cualquier otra persona. Amén.

¿Qué te hace sentirte mejor cuando estás enferma?

Escuchar y hacer

Así pasa con la fe: por sí sola, es decir,
si no se demuestra con hechos, es una cosa muerta.

SANTIAGO 2:15-17 DHH

Elena estaba jugando en su cuarto. Su mamá le dijo que la cena estaba lista, que se lavara las manos y bajara a la mesa. Elena dijo: «Está bien»; pero siguió jugando. Aunque oyó a su mamá, no la escuchó realmente.

Tus palabras no importan si no haces lo que dices. Tu manera de responder a Dios importa más que lo que dices.

Querido Dios, ayúdame para que mis acciones hagan lo que mis palabras dicen. Amén.

¿Cómo puedes hacer que tus palabras importen?

Mejor que el dinero

Elige una buena reputación sobre las muchas riquezas; ser tenido en gran estima es mejor que la plata o el oro.

PROVERBIOS 22:1 NTV

Todo el mundo en la escuela conocía a Liz. Ayudaba a los demás, y era sincera y amable. Tener una buena reputación significa que la gente te conoce por hacer cosas buenas. La Biblia dice que eso es mejor que tener mucho dinero.

Cómo tratas a la gente es más importante que las cosas materiales que tengas. Jesús quiere que ames a los demás y seas amable con ellos.

Querido Dios, ayúdame a amar a las personas más que a las cosas. Amén.

¿Cómo puedes demostrar a tus amigos que son importantes para ti?

12 DE MARZO

Amor y verdad

No abandones nunca el amor y la verdad;
llévalos contigo como un collar.

PROVERBIOS 3:3 DHH

Piensa en tus personas favoritas. ¿Por qué las quieres tanto? ¿Cómo te hacen sentir? ¿Cómo te tratan? ¿Tu familia y tus amigos dicen que tú les haces sentir así?

Dios dice que amar a otros es más importante que las cosas que tienes. Deberías ser amorosa y honesta con tu familia y tus amigos. A Dios le encanta cuando lo haces.

Querido Dios, gracias por enseñarme a ser amorosa y honesta. Amén.

¿Puedes hacer hoy algo amable por alguien a quien amas?

Sigue a Jesús

Que hagas lo que es correcto, que ames la compasión
y que camines humildemente con tu Dios.

Miqueas 6:8 NTV

Seguir a Jesús no es confuso. Dios te dice en este versículo lo que quiere que hagas. Haz lo que es correcto. Ama la compasión. Confía en Dios.

Dios te dice en la Biblia todo lo que necesitas saber para vivir bien. A veces, hacer lo correcto significa tomar una decisión valiente. Puede que no sea fácil, pero puedes hacerlo con la ayuda de Dios.

Querido Dios, ayúdame a hacer lo que es correcto. Amén.

¿Cómo puedes hacer hoy lo que es correcto?

Cuando tengas miedo

Cuando siento miedo,
pongo en ti mi confianza.

SALMOS 56:3 NVI

Sara se despertó a medianoche. El cuarto oscuro le hizo tener miedo. Entonces recordó que podía orar cuando se sintiera así. Le pidió a Dios que estuviera con ella, y pronto se volvió a dormir.

Dios puede ayudarte cuando tengas miedo. Solo tienes que orar. Su fuerza te protege como un muro protege a un castillo.

Querido Dios, gracias por ser tan fuerte. Enséñame a orar cuando tenga miedo. Amén.

¿Le pides ayuda a Dios cuando tienes miedo?

15 DE MARZO

Mostrar honor

Ámense los unos a los otros con amor fraternal, respetándose y honrándose mutuamente.

Romanos 12:10 NVI

Mostrar honor significa ser respetuoso y tratar a las personas como si fueran importantes. En lugar de hacer lo que tú quieres hacer, piensa en lo que haría feliz a otra persona.

Haz de inmediato lo que tu papá te dice. Pregúntale a tu mamá si necesita ayuda. Juega a algún juego que tu hermano quiera jugar. A Dios le agrada cuando piensas en otros antes de pensar en ti misma.

Querido Dios, ayúdame a pensar primero en los demás. Amén.

¿Qué puedes hacer para mostrar honor a alguien hoy?

Cuéntale a alguien

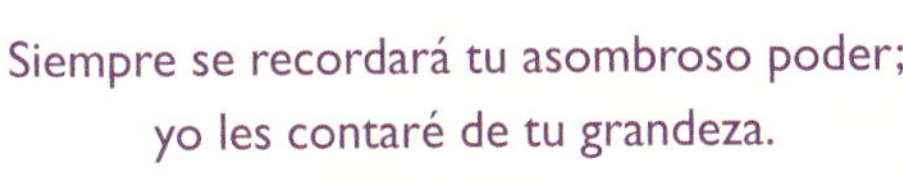

Siempre se recordará tu asombroso poder;
yo les contaré de tu grandeza.

SALMOS 145:6 PDT

Sofía fue al circo. ¡Fue maravilloso! Le gustaron mucho todos los trucos y los disfraces brillantes. Le contó a todo el mundo lo que había visto. Fue divertido compartirlo con sus amigos y su familia.

Cuando Dios hace algo maravilloso por ti, comparte esa buena noticia con otros. Cuando Él responde a una oración, cuéntalo a alguien. ¡Diles a tus amigos cuán grande es Dios!

Querido Dios, quiero que todos sepan cuán grande eres. Ayúdame a contarlo. Amén.

¿Qué es algo grande que Dios ha hecho por ti?

17 DE MARZO

Fuerza

«Vuelvan, quédense tranquilos y estarán a salvo.
En la tranquilidad y la confianza estará su fuerza».

ISAÍAS 30:15 DHH

A veces hay muchas cosas ocurriendo a la vez. Respira profundamente y recuerda que Dios está contigo. Dios es muy grande. Él es lo bastante fuerte como para cargar cualquier cosa que te pese.

Cuando necesites paz, ora. Dios puede darte la fuerza si mantienes la calma y confías en Él. Puede traer paz a tu corazón preocupado.

Querido Dios, gracias por ser tan fuerte y por darme paz. Amén.

¿Cómo puedes calmar tu cuerpo y tu mente?

18 DE MARZO

Siempre cerca

Si fuera al oriente donde nace el sol, allí estarías;
o al occidente, al fin de los mares, allí estarías.
SALMOS 139:9-10 PDT

¿Alguna vez has viajado lejos de tu casa? ¿La gente hablaba diferente? Tal vez la comida era diferente. Da igual cuán lejos te vayas; Dios está ahí contigo.

Puede que a veces sientas que Dios está lejos. Es mejor recordar la verdad de Dios y no solo fijarte en cómo te sientes. ¡Tienes que saber que Dios está contigo dondequiera que vayas!

Querido Dios, gracias por estar siempre conmigo. Gracias por guiarme y guardarme. Amén.

¿Qué te recuerda que Dios está cerca?

19 DE MARZO

Cómo es Dios

Dios me eligió y me envió para dar buenas noticias a los pobres, para consolar a los afligidos.

Isaías 61:1 TLA

Dios da buenas noticias a todos. Tú eres amada. Jesús te consuela. Él sana los corazones rotos. Él borra tu pecado.

Tal vez en algún momento alguno de tus padres o abuelos te ha consolado. ¿Eso te hizo sentirte segura? ¡Dios te cuida aún más! Puedes compartir a Jesús con otros y hablar de la buena noticia de su amor.

Querido Dios, me alegra mucho que das tu amor a todos. Ayúdame a compartir estas buenas noticias. Amén.

¿A quién le puedes hablar de Jesús?

20 DE MARZO

Todas las cosas buenas

Todo lo que es bueno y perfecto es un regalo que desciende a nosotros de parte de Dios.

SANTIAGO 1:17 NTV

Haz una lista de todo lo que es bueno y perfecto en tu vida. Piensa en aquello que te hace feliz. Tal vez sea tu casa, tus amigos, jugar en la calle, los macarrones con queso, ¡o cualquier otra cosa!

Todo lo bueno que hay en tu vida es un regalo de Dios. Piensa en los buenos momentos de tu día antes de ir a dormir esta noche y dale gracias a Dios por ellos.

Querido Dios, gracias por las cosas buenas que hay en mi vida. Amén.

¿Qué cosas buenas te ha dado Dios?

La unidad

¡Vean qué bueno y agradable
es que los hermanos vivan unidos!

SALMOS 133:1 DHH

Emilia y Lisa eran amigas. Emilia quería construir un castillo con las cajas en su sótano. A Lisa le parecía mucho trabajo. Emilia le dijo a Lisa cómo podía ayudar y trabajaron juntas para conseguirlo.

Este es un ejemplo de unidad. Las niñas no pelearon. Se ayudaron la una a la otra. Dios quiere que vivas en paz y ayudes a los demás sin pelearte.

Querido Dios, ayúdame a vivir en paz y unidad con aquellos que me rodean. Amén.

¿Cómo puedes trabajar con los demás sin pelearte?

22 DE MARZO

Nada es imposible

«Para Dios no hay nada imposible».

Lucas 1:37 DHH

Nora estaba cansada. No quería prepararse para ir a la escuela. La mamá de Nora le dijo que se apresurara y se vistiera. En lugar de quejarse, se vistió y le pidió ayuda a Dios.

¿Sabías que Dios puede ayudarte con todo? Incluso puede ayudarte cuando estás cansada y de mal humor.

Querido Dios, estoy muy contenta porque tú haces que las cosas difíciles sean más fáciles. Amén.

¿En qué le puedes pedir ayuda a Dios hoy?

23 DE MARZO

Confiar en Dios

Señor, los que te conocen, confían en ti,
pues nunca abandonas a quienes te buscan.

SALMOS 9:10 DHH

Cuando conoces a alguien nuevo, hace falta tiempo para conocerlo de verdad. Conocer a Dios también toma tiempo. Cuanto más conoces a alguien, más puedes confiar en esa persona.

Puedes confiar en Dios. Cuanto más conozcas su carácter, más confiada y segura te sentirás con Él.

Querido Dios, ayúdame a conocer cómo eres de verdad. Amén.

¿A quién acudes cuando tienes un problema?

24 DE MARZO

Mucha esperanza

Que Dios, que da esperanza, los llene de alegría
y paz a ustedes que tienen fe en él.

Romanos 15:13 DHH

Laura despertó emocionada el día de su cumpleaños, esperando muchas cosas especiales. Puedes tener esperanza todos los días. No tiene que ser esperanza de recibir regalos o dulces. La esperanza no es solo un deseo.

Puedes tener esperanza de que harás un buen trabajo en la escuela, pero necesitarás prestar atención a tu maestra. Puedes esperar tener muchos amigos, pero tendrás que compartir y ser amable. La esperanza es creer y también hacer.

Querido Dios, gracias por tu esperanza. Confío en que tú sabes lo mejor para mí. Amén.

¿En qué está puesta tu esperanza hoy?

25 DE MARZO

Buenos días

SEÑOR, escucha mi voz por la mañana;
cada mañana llevo a ti mis peticiones y quedo a la espera.

SALMOS 5:3 NTV

Cuando despiertas en la mañana, ¿tu mamá o tu papá te dicen: «Buenos días»? ¿Y si hicieras eso con Dios? Él quiere ser parte de tu día.

Dios está contigo cuando tus padres no pueden estar. Él puede ayudarte. Puedes contarle lo que te hace feliz y lo que te pone triste.

Querido Dios, me alegro de poder hablar contigo en cualquier momento. Ayúdame a recordar eso. Amén.

¿En qué momento hablas con Dios?

26 DE MARZO

Necesitamos descanso

«Tienen seis días en la semana
para hacer su trabajo habitual,
pero el séptimo día será un día de descanso absoluto,
un día santo, dedicado al Señor».

Éxodo 31:15 NTV

El sábado era el día favorito de la semana de Elia. Era el día en el que toda la familia se juntaba y nadie tenía que trabajar. Pasaban tiempo juntos divirtiéndose, hablando y descansando.

Dios descansó después de crear el mundo, y quiere que tú también descanses. Tu cuerpo y tu mente necesitan descansar. Piensa en todo lo que Dios hizo durante la semana de la creación, y después descansó.

Querido Dios, ayúdame a descansar cada semana y recordar lo que tú hiciste por mí. Amén.

¿Tienes momentos de descanso?

No hace falta mentir

Dios ayuda y protege a quienes son honrados
y siempre hacen lo bueno.

PROVERBIOS 2:7 TLA

Amanda estaba jugando con el teléfono de su mamá cuando se le cayó. Se rompió y ella se asustó. Lo puso sobre la mesa y se fue a su cuarto. Cuando su mamá le preguntó a Amanda qué había pasado con el teléfono, mintió. Se sintió muy mal.

Dios no quiere que mientas. Él dice la verdad y quiere que tú también lo hagas. Cuando cometas un error, puedes acudir a Dios. Pídele que te enseñe a ser sincera.

Querido Dios, quiero decir la verdad, aunque sea difícil. Perdóname por mentir. Amén.

¿Necesitas pedir perdón por haber dicho una mentira?

28 DE MARZO

El reflejo de Dios

Dios creó al ser humano a su imagen.

GÉNESIS 1:27 NVI

Mírate en un espejo. Puedes ver tu cara y observar cómo se mueve tu cuerpo. Dios creó a las personas para que fueran como Él. Quiere que tú seas como Él y actúes como Él.

Dios es amoroso y bondadoso. Es paciente y bueno. Cuanto más tiempo pases con Él, más pensarás y actuarás como Él.

Querido Jesús, ayúdame a ser más como tú. Quiero mostrar a todos tu amor. Amén.

¿Tratas a tu familia como Jesús lo haría?

29 DE MARZO

El mejor papá

El SEÑOR es tan bueno con los que lo respetan como un padre con sus hijos.

SALMOS 103:13 PDT

Piensa en un momento en el que te sentiste muy, muy amada. ¿Qué estabas haciendo? ¿Con quién estabas? Tal vez estabas en algún lugar muy hermoso con tu familia.

Los padres buenos aman a sus hijos y los cuidan. Dios es el mejor padre de todos. Él te ama pase lo que pase. Él lo sabe todo de ti y quiere darte buenos regalos. Es paciente cuando cometes errores. Y le encanta pasar tiempo contigo.

Querido Dios, gracias por ser el mejor papá. Muéstrame todas las formas en las que me amas. Amén.

¿Qué es algo que te encanta de tu papá?

30 DE MARZO

Una obra de arte

¡Te alabo porque soy una creación admirable!
¡Tus obras son maravillosas y esto lo sé muy bien!
SALMOS 139:14 NVI

Tu cuerpo es maravilloso. Puedes respirar, moverte, hablar y pensar. Eres única y no hay nadie como tú. Dios te creó tal como eres, y piensa que eres maravillosa.

Dios sabe cuántos cabellos hay en tu cabeza. Él sabe lo que te gusta y lo que no. Sabe todo de ti y te ama porque eres su hija.

Querido Dios, gracias por hacerme especial y por amarme tanto. Amén.

¿Qué te hace especial?

31 DE MARZO

La paz verdadera

Tú les das paz a los que se mantienen pensando en ti, porque en ti han puesto su confianza.

ISAÍAS 26:3 PDT

Pamela era en general una niña alegre, pero hasta las niñas alegres tienen momentos tristes. La abuela de Pamela estaba enferma. Pamela pensó en su abuela todo el día mientras estaba en la escuela.

Dios quiere que confíes en que Él está en control. Él te cuidará. Cuando te sientas triste, piensa en Dios. Él promete darte paz.

Querido Dios, por favor dame paz cuando me sienta triste. Amén.

¿Qué te hace sentir paz?

Abril

El Señor dirige
los pasos de los justos.
Salmos 37:23 NTV

I DE ABRIL

Siempre ahí

Dios es nuestro refugio y nuestra fuerza;
siempre está dispuesto a ayudar en tiempos de dificultad.

SALMOS 46:1 NTV

Maya estaba jugando en su patio trasero. Fue a buscar algo de beber, ¡pero la puerta trasera estaba cerrada con llave! Golpeó y gritó, pero su mamá estaba en la casa de la vecina. Maya necesitaba ayuda, pero no había nadie. Oró y sintió la paz de Dios.

Las personas no siempre pueden ayudarte justo cuando lo necesitas, pero Dios sí. Puedes contar con Él. Él puede ayudarte cuando te sientes completamente sola.

Querido Dios, gracias por ayudarme siempre. Amén.

¿Cómo te ayudó Dios cuando estabas en problemas?

Habla con Dios

No se preocupen por nada; en cambio, oren por todo. Díganle a Dios lo que necesitan y denle gracias.

Filipenses 4:6 NTV

Elena amaba a su hermano mayor. Era su mejor amigo. Le contaba todo, y él era muy bueno escuchando.

¿Sabías que puedes hablar con Dios como con un mejor amigo? No tienes que guardarle secretos. Puedes hablar con Él cuando despiertas, o cuando haces tus tareas, o después de la cena. A Él le encanta escuchar sobre tu día. Cuéntaselo todo.

Querido Jesús, me alegra mucho poder hablar contigo. Quiero conocerte como a un mejor amigo. Amén.

¿Cuándo hablas con Dios?

Mostrar odio

El odio crea discusiones;
el amor perdona todos los errores.
PROVERBIOS 10:12 PDT

A María le gustaba mucho montar en bicicleta. El niño que vivía al final de la calle le gritaba cosas feas cuando pasaba. Eso hacía que María se sintiera mal, y cada vez se enojaba más con él. Comenzó a pensar en cosas feas que podría decirle.

Cuando dejas que algo te enoje, esa ira puede convertirse en odio. Dios no quiere que odies a los demás. Si los perdonas, haces espacio en tu corazón para cosas buenas.

Querido Dios, ayúdame a perdonar a las personas que me hacen daño, para mantener mi corazón libre de odio. Amén.

¿Hay alguien a quien necesitas perdonar?

Leer la Biblia

Tu promesa es más dulce a mi paladar
que la miel a mi boca.
SALMOS 119:103 DHH

Hay muchas historias en la Biblia que pueden animarte. Leer sobre Daniel, David o Ester puede ayudarte a ser valiente. Leer las palabras de Jesús puede mostrarte cómo obedecer y ser amable.

La Palabra de Dios no solo te dice qué hacer, sino también por qué deberías hacerlo o no hacerlo. Dios te ama, y quiere llenar tu vida de dulzura.

Querido Dios, gracias por la Biblia. Ayúdame a verla como un gran regalo. Amén.

¿En qué momento del día lees tu Biblia?

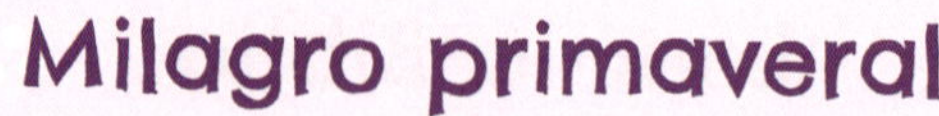

Milagro primaveral

«Yo sé que están buscando a Jesús, el que murió
en la cruz. No está aquí; ha resucitado,
tal y como lo había dicho».

Mateo 28:5-6 tla

La Pascua es un tiempo para celebrar la vida nueva. Las flores están brotando y nacen animalitos. También es el día para recordar que Jesús resucitó de la muerte.

Jesús murió en la cruz para quitar tu pecado. Gracias a Jesús, puedes estar cerca de Dios y tener vida nueva cada día. Puede ser primavera en tu corazón todo el tiempo.

Querido Jesús, gracias por dar tu vida para que yo tenga vida nueva. Amén.

¿Cómo celebras la vida nueva?

6 DE ABRIL

Dios te ve

«Tú eres el Dios que me ve».

Génesis 16:13 NTV

Cuando estás triste, asustada o enojada, tus sentimientos pueden ser demasiado grandes para manejarlos sola. Cuando eso suceda, recuerda que Dios te ve y está contigo.

Dios creó todo, y lo sabe todo. Él cuida de ti. Sé valiente y recuerda que Dios siempre te está cuidando.

Querido Dios, gracias por verme. Nunca estoy sola. Amén.

¿Cómo te hace sentir saber que Dios te cuida?

7 DE ABRIL

Malos hábitos

Reflexionemos seriamente en nuestra conducta,
y volvamos nuevamente al Señor.

Lamentaciones 3:40 DHH

Elisa se despertaba antes que sus papás cada mañana. Antes le gustaba leer o jugar con sus juguetes, pero luego comenzó a ver videos. El tiempo pasaba volando cuando veía videos, y después no se sentía lista para comenzar el día. Sabía que era momento de cambiar ese mal hábito.

A veces puedes tomar malas decisiones y formar un mal hábito. Pídele a Dios que te ayude a tomar mejores decisiones.

Querido Dios, ayúdame a tomar buenas decisiones que creen buenos hábitos. Amén.

¿Hay algún mal hábito que necesitas cambiar?

Esperar

Estamos esperando lo que aún no podemos ver y lo esperamos con paciencia.

Romanos 8:25 PDT

¿Alguna vez has esperado mucho tiempo por algo? Tal vez unas vacaciones o tu cumpleaños. Esperar toma paciencia, y la paciencia es importante.

La Biblia promete que Jesús regresará. Él arreglará todo. ¿No te dan ganas de que regrese pronto? En los días difíciles, recuerda que vienen días buenos.

Querido Jesús, por favor ayúdame a tener paciencia mientras espero que regreses. Amén.

¿Qué te ayuda a tener paciencia?

9 DE ABRIL

Crecer en Dios

«Yo soy la vid y ustedes las ramas. El que permanece en mí, y yo en él, producirá mucho fruto, pues separados de mí, ustedes no pueden hacer nada».

JUAN 15:5 PDT

Noemí miraba cómo su papá podaba un árbol en su jardín. Había ramas por todo el suelo. Una rama no puede crecer ni dar fruto después de ser cortada del árbol. Solo una rama conectada al árbol puede crecer.

Dios dice que tú eres como una rama. Cuando estás conectada a Dios, creces. Lo necesitas a Él para que haya fruto en tu vida.

Querido Dios, enséñame cómo estar cerca de ti. Amén.

¿Cómo puedes mantenerte conectada a Dios?

Amor tan grande

Pero Dios es tan misericordioso y nos amó
con un amor tan grande, que nos dio vida juntamente
con Cristo cuando todavía estábamos
muertos a causa de nuestros pecados.

Efesios 2:4-5 DHH

El amor de Dios está contigo cuando tomas buenas decisiones y cuando te equivocas. No puedes cambiar su amor con lo que haces o no haces.

Dios te perdona cuando no eres amable. Te da fuerza cuando estás cansada. Su amor es tan profundo que ama todo de ti.

Querido Dios, ayúdame a amar a los demás como tú lo haces. Amén.

¿A quién puedes mostrar amor hoy?

Todo lo que necesitas

De sus riquezas maravillosas mi Dios les dará, por medio de Jesucristo, todo lo que les haga falta.

Filipenses 4:19 TLA

Hay cosas que tus padres no pueden hacer por ti. No pueden curar huesos rotos. Cuando te sientes triste o enojada, no pueden entrar en tu corazón y cambiarlo. Dios sí puede.

Dios sabe lo que te hace falta incluso antes de que se lo pidas. Nunca se olvida de lo que le pides. No está demasiado ocupado. Él es el mejor en ayudarte.

Querido Dios, gracias por cuidar de todo lo que necesito. Amén.

¿Qué necesitas de Dios hoy?

12 DE ABRIL

No está enojado

El SEÑOR es bueno y compasivo,
no se enoja con facilidad y rebosa de fiel amor.

SALMOS 145:8 PDT

Lucrecia sabía que no debía jugar con las herramientas de su papá. Cuando levantó la caja de herramientas, la tapa estaba abierta y se cayeron todas al piso. Justo en ese momento su papá entró al garaje. En lugar de enojarse con ella, la ayudó a recogerlas.

Dios no se enoja cuando cometes un error. Él es perfecto. Está lleno de amor todo el tiempo y te ayudará a arreglar tu error si se lo pides.

Querido Dios, gracias por tu amor que no se acaba cuando tomo una mala decisión. Amén.

¿Cómo te ha ayudado Dios a arreglar un error?

Después de la pelea

Deja ahí tu ofrenda y ve a hacer las paces con esa persona. Luego regresa para dar tu ofrenda a Dios.

MATEO 5:24 PDT

Brenda y Wanda tuvieron una gran pelea. María quería jugar a disfrazarse y Brenda quería jugar afuera. Estaban enojadas y se dijeron cosas feas. Más tarde, Wanda le contó a su mamá sobre la pelea. Sabía que no debía haber sido grosera. Cuando Wanda vio a Brenda al día siguiente, le pidió perdón. Brenda también lo hizo, y ambas se sintieron mejor.

Estar enojada no es bueno para ti. Es bueno pedir perdón y perdonar.

Querido Dios, ayúdame a pedir perdón cuando cometo errores. Amén.

¿Necesitas pedirle perdón a alguien?

14 DE ABRIL

Tu fuerza

Pues todo lo puedo hacer por medio de Cristo,
quien me da las fuerzas.

FILIPENSES 4:13 NTV

La Biblia habla de las cosas increíbles que hizo Dios. Cuidó de Jonás dentro del pez. Le dijo a Noé cómo construir un arca. Abrió el mar para Moisés. Sanó a personas enfermas.

¡Dios puede hacer cosas grandes! Hizo milagros en la Biblia, y todavía hace milagros hoy. Él puede darte fuerzas para hacer cosas grandes también.

Querido Dios, gracias por ayudarme a hacer cosas grandes. Amén.

¿Qué cosas grandes has hecho?

15 DE ABRIL

Sé una luz

«Ustedes son la luz del mundo. Una ciudad en lo alto de una montaña no puede esconderse».

Mateo 5:14 NVI

¿Has visto alguna vez cómo una vela ilumina una habitación oscura? Es solo una llama, pero su luz brilla en la oscuridad. Una pequeña luz puede marcar una gran diferencia.

Tú puedes ser una luz para Jesús en un mundo oscuro. Sonríe y usa palabras amables. Haz que la alegría brille en el corazón de alguien. Comparte la bondad que Jesús puso en tu corazón.

Querido Dios, ayúdame a brillar con tu amor. Amén.

¿Sabías que ser amable es ser como Jesús?

16 DE ABRIL

Más grande que el miedo

El Señor es mi luz y mi salvación,
¿de quién podré tener miedo?

Salmos 27:1 DHH

¿De qué tienes miedo? Todas las personas tienen miedo a veces. Es normal, pero Dios no quiere que tengas miedo todo el tiempo.

Cuéntale a Dios por qué tienes miedo y pídele paz. Él te ama y quiere protegerte. Él es tu lugar seguro.

Querido Dios, gracias por salvarme cuando tengo miedo. Amén.

¿Qué te ayuda cuando tienes miedo?

La lista de cosas buenas

Que todo lo que soy alabe al Señor;
que nunca olvide todas las cosas buenas que hace por mí.

Salmos 103:2 NTV

A veces es fácil olvidar todas las cosas buenas que tienes en tu vida. Es fácil enfocarte más en cómo te sientes ahora mismo. Pero siempre es bueno darle gracias a Dios por su bondad.

A la hora de dormir, trata de pensar en tres cosas buenas que pasaron durante tu día. Esa puede ser tu lista de cosas buenas por las que darle gracias a Dios.

Querido Dios, ayúdame a ver lo que haces por mí. Quiero recordar darte gracias. Amén.

¿Puedes comenzar una lista de cosas buenas para ayudarte a ser agradecida?

18 DE ABRIL

El gran Yo soy

«Dile esto al pueblo de Israel:
"Yo soy me mandó a ustedes"».
ÉXODO 3:14 PDT

¿Qué significa cuando Dios dice: «Yo Soy»? Estas palabras en hebreo son como el nombre de Dios: *Yahvé*. Significa que Dios siempre ha estado vivo y siempre está con su pueblo.

Este Dios tan poderoso es el que te ama. Él siempre está contigo. Recuerda que conoces al Gran Yo Soy, y que Él está de tu lado.

Querido Dios, tú eres más grande que todos mis problemas. Gracias. Amén.

¿Sobre qué problema es más grande Dios?

19 DE ABRIL

Pensamientos engañosos

La serpiente era más astuta que todos los animales del campo que Dios el SEÑOR había hecho.

GÉNESIS 3:1 NVI

No todos tus pensamientos son verdaderos. La serpiente trató de engañar a Eva con una pregunta. A veces, necesitas hablar sobre tus preguntas con alguien que sepa qué es verdad. Hacer preguntas es bueno. Puedes preguntar a tus padres o a otros adultos en quienes confíes. Ellos pueden ayudarte a saber qué es real y verdadero. No tienes que descubrirlo tú sola.

Querido Dios, ayúdame a recordar que no todos los pensamientos son verdaderos. Amén.

¿A quién puedes acudir con tus preguntas difíciles?

20 DE ABRIL

Dios cumple sus promesas

El Señor siempre cumple sus promesas;
es bondadoso en todo lo que hace.
SALMOS 145:13 NTV

Dios cumple sus promesas. No se olvida. Nunca se rinde. No se cansa ni cambia de opinión. Puedes confiar en que hará lo que dice.

Cuando sabes cómo es Dios, eso te ayuda a confiar en Él. Dios cumple sus promesas.

Querido Dios, gracias por cumplir tus promesas. Amén.

¿Qué significa cumplir una promesa?

21 DE ABRIL

Comparte tu fe

«Si ante la gente alguien está dispuesto a decir que cree en mí, yo también lo reconoceré ante mi Padre que está en el cielo».

MATEO 10:32 PDT

A Alicia le gustaban mucho los Lego. Era muy divertido juntar las piezas y construir algo genial. Les contaba a sus amigas y a su familia sobre sus sets de Lego y se los mostraba a quienes venían a su casa.

Dios quiere que compartas su amor con los demás. Así como Alicia hablaba de su set de Lego, tú puedes hablar del amor de Dios. Es una noticia tan buena que vale la pena compartirla. ¡No te la guardes solo para ti!

Querido Jesús, dame valentía para hablarles a otros de ti. Amén.

¿Hay alguna vecina o compañera de clase a la que puedas contarle sobre Jesús?

22 DE ABRIL

El número de tus cabellos

«¡Dios sabe hasta cuántos cabellos
tienen ustedes en la cabeza!
Por eso, no tengan miedo».

Mateo 10:30-31 TLA

¿Alguna vez has intentado contar los cabellos de tu cabeza? Son demasiados para contarlos, pero Dios lo sabe. Piensa en todo lo demás que Él sabe sobre ti.

Dios se interesa por las partes más pequeñas de ti, así que seguro que se interesa mucho más por las cosas grandes. Él te conoce mejor que nadie y te ama muchísimo. Eres muy importante para Él.

Querido Dios, ayúdame a recordar que soy muy importante para ti. Amén.

¿Quién te hace sentir importante?

23 DE ABRIL

Entrégale a Dios tus preocupaciones

«No se preocupen por lo que
han de comer para vivir».

Lucas 12:22 DHH

Dios puede cuidar de todas tus necesidades. No hay nada por lo que necesites preocuparte. Él es bueno y sabe que, cuando te preocupas, tu corazón se siente pesado.

Dios te ama y te protege. Es lo suficientemente fuerte para cuidarte. Si se lo permites, puede quitar tus preocupaciones y darte paz en su lugar.

Querido Dios, enséñame a entregarte mis preocupaciones y dejarlas contigo. Amén.

¿Qué preocupación puedes entregarle hoy a Dios?

24 DE ABRIL

Listo para ayudar

Nuestra ayuda viene del Señor,
quien hizo el cielo y la tierra.
Salmos 124:8 NTV

Ningún problema es demasiado grande para Dios. Él hizo toda la tierra y todo lo que hay en ella, así que puede ayudarte. Ningún problema es demasiado pequeño ni demasiado grande.

Dios cuida de las hormigas, y también cuidará de ti. No tienes que resolver los problemas sola. Pídele ayuda a Dios. A Él no le molestan tus preguntas. Es el maestro más amable que tendrás.

Querido Dios, me alegra mucho tener tu ayuda con todos mis problemas. Amén.

¿En qué necesitas pedir la ayuda de Dios hoy?

25 DE ABRIL

Muestra tu amor

Debemos amarnos unos a otros,
porque el amor viene de Dios.

I Juan 4:7 DHH

Una forma de amar a las personas es ayudándolas. Cuando tu hermana necesite ayuda para montar en bicicleta, puedes mostrarle tu amor ayudándola. Cuando tu papá esté limpiando la cocina, ayúdale a lavar los platos. Cuando tu amiga esté triste, dale un abrazo.

El amor no es solo un sentimiento. También se muestra con acciones. Piensa en maneras de amar a los demás haciendo algo por ellos.

Querido Jesús, enséñame a amar a los demás como tú lo haces. Amén.

¿Qué puedes hacer hoy para demostrarle amor a alguien?

26 DE ABRIL

Amar a Dios

«Les digo la verdad, cuando hicieron alguna de estas cosas al más insignificante de estos, mis hermanos, ¡me lo hicieron a mí!».

MATEO 25:40 NTV

¿Cómo puedes mostrar que amas a Dios? ¡Es fácil! Amas a Dios amando a los demás y tratando a las personas como Jesús las trataría.

Cuando eres amable con otros, estás siendo amable con Dios. Pregúntate: «¿Qué haría Jesús?». La manera en que tratas a otras personas es una forma de amar a Dios.

Querido Dios, quiero amarte bien. Ayúdame a tratar a las personas como lo hizo Jesús. Amén.

¿Cómo trataba Jesús a las personas?

27 DE ABRIL

No lo escondas

Si confesamos nuestros pecados, Dios,
que es fiel y justo, nos los perdonará.
1 Juan 1:9 NVI

A Rosa le encantaban los dulces. En Pascua se comió todos los suyos, pero su hermano todavía tenía muchos. Un día, Rosa decidió comerse algunos de los dulces de su hermano. Sabía que eso no estaba bien, y se sintió mal después de hacerlo. Sabía que tenía que decirle lo que había hecho.

Dios no quiere que te sientas culpable. Él promete que, cuando le dices tus errores, te perdonará.

Querido Dios, ayúdame a confesar de inmediato en vez de esconderme. Amén.

¿Hay algo que necesitas confesarle hoy a Dios?

Buenas instrucciones

Toda la Escritura es un mensaje enviado por Dios,
y es útil para enseñar…
y mostrar a la gente cómo vivir
de la manera que Dios manda.

2 Timoteo 3:16 PDT

¿Alguna vez has intentado armar un set de Lego sin instrucciones? Podrías perder algunas piezas o poner algo en el lugar equivocado. Es mucho más fácil usar las instrucciones.

La Biblia es así. Puede enseñarte lo que está bien y lo que está mal. La Biblia tiene instrucciones buenas y útiles para vivir.

Querido Dios, gracias por tu Palabra que me muestra cómo vivir. Amén.

¿Qué te ha enseñado la Biblia?

29 DE ABRIL

Enséñame

Dios mío, yo quiero hacer siempre
lo que tú ordenes; ¡enséñame a hacerlo!

Salmos 86:11 TLA

La mejor manera de hacer algo es concentrarse en eso. Si estás distraída, tardarás más. ¿Alguna vez has intentado hacer dos cosas al mismo tiempo? Tal vez te saltaste un paso o no hiciste bien una de las cosas.

Jesús quiere que tengas un corazón enfocado. Jesús es la parte más importante de tu vida. Escucha lo que Él tiene para decirte en la Biblia, en la música de adoración, y en tu mente y tu corazón. Busca un lugar tranquilo para leer la Biblia y enfócate en escuchar lo que Él te dice.

Querido Dios, quiero concentrarme en ti. Muéstrame en qué estoy distraída. Amén.

¿Hay algo que esté apartando tu atención de Dios?

30 DE ABRIL

Gracia de Dios

En su gracia, Dios gratuitamente nos hace justos a sus ojos por medio de Cristo Jesús, quien nos liberó del castigo de nuestros pecados.

Romanos 3:24 NTV

La gracia es un regalo de Dios. Significa que, incluso cuando cometes errores, sigues siendo amada. Puedes mostrar gracia a los demás cuando te lastiman. Perdónalos de inmediato.

Incluso cuando haces lo incorrecto, Dios está listo para perdonarte. No tienes que ser perfecta para ser libre y amada. La gracia es un regalo de Dios para ti.

Querido Dios, gracias por tu regalo de la gracia. Ayúdame a mostrarla a los demás. Amén.

¿Cómo puedes mostrar gracia hoy?

Mayo

Sabemos que Dios va
preparando todo
para el bien
de los que lo aman.

Romanos 8:28 TLA

Preocupaciones

Confíen a Dios todas sus preocupaciones,
porque él cuida de ustedes.
1 PEDRO 5:7 PDT

Sandra estaba preocupada por mudarse a una casa nueva. Una noche, le contó a su mamá cómo se sentía. La mamá de Sandra la ayudó a sentirse mejor hablando de todas las cosas buenas que tendría la nueva casa.

Dios quiere que tú también le cuentes tus preocupaciones. Su verdad te dará paz.

Querido Dios, gracias por escuchar mis preocupaciones y eliminarlas. Amén.

¿Compartes tus preocupaciones con alguien?

Dedos que señalan

No se enojen unos con otros,
más bien, perdónense unos a otros.
COLOSENSES 3:13 PDT

Nadie es perfecto. Todo el mundo comete errores, incluso tú. Dios dice que necesitas perdonar a los demás como Él te perdona a ti.

Tal vez te enojaste y peleaste con tu hermano o con tu hermana. No sigas enojada con ella o con él. Perdónalos. Tú querrías que también te perdonaran.

Querido Dios, ayúdame a perdonar a los demás como tú me perdonas. Amén.

¿Te resulta fácil perdonar a los demás?

Usa tu voz

Los cielos proclaman la gloria de Dios
y el firmamento despliega la destreza de sus manos.

SALMOS 19:1 NTV

Catalina miraba el cielo. Estaba lleno de hermosos colores rosados y anaranjados. ¡Vaya! Sintió algo llamado asombro al pensar en cuán maravilloso era.

La Biblia dice que puedes estar de acuerdo con la creación y alabar a Dios. Usa tu voz para cantar, orar, o hablar de su amor. Tu voz es un regalo maravilloso que puede adorar a Dios.

Querido Jesús, gracias por darme una voz. Ayúdame a usarla para alabarte. Amén.

¿Cómo cantas alabanzas a Dios?

4 DE MAYO

Descansa

Un corto sueño, una breve siesta,
un pequeño descanso, cruzado de brazos.

Proverbios 24:33 nvi

Clara nadó y jugó con sus primos toda la mañana. Después del almuerzo siguieron jugando, pero Clara se enojaba por todo. Su mamá dijo que tal vez necesitaba un pequeño descanso. Después de una siesta corta, se sintió mucho mejor.

Dios hizo tu cuerpo para que necesitara descansos. Descansar le da a tu cuerpo una oportunidad de reiniciarse. Puedes descansar de distintas formas, como dar un paseo o leer un libro. Descansar es muy bueno para ti.

Querido Dios, ayúdame a tomar descansos cuando los necesite. Amén.

¿Cómo te gusta descansar?

El tiempo de Dios

«María ha elegido lo mejor,
y nadie se lo puede quitar».

LUCAS 10:42 PDT

¿Conoces la historia de María y Marta? Marta quería hacer todas las tareas. María quería estar con Jesús y escuchar lo que Él decía. Jesús dijo que María había elegido lo mejor.

Dios quiere que tú también elijas pasar tiempo con Él. No tienes que dejar de hacer lo que necesitas, pero sí puedes apartar tiempo para aprender sobre Jesús.

Querido Jesús, ayúdame a aprender a elegirte a ti primero. Amén.

¿De qué manera pasas tiempo con Dios?

6 DE MAYO

Corazón tranquilo

En verdes pastos me hace descansar.
Junto a tranquilas aguas me conduce.
SALMOS 23:2 NVI

Julia tenía muchos hermanos y hermanas, así que su casa no era tranquila. Encontró un armario cómodo donde podía leer en paz.

Dios puede darte paz en tu corazón, incluso cuando todo a tu alrededor es ruidoso. Cuando tienes paz, puedes enfrentar lo que sucede a tu alrededor de una forma tranquila.

Querido Dios, gracias por darme paz en mi corazón cuando necesito estar tranquila. Amén.

¿Has sentido la paz de Dios?

7 DE MAYO

Sé valiente

Así que acerquémonos con toda confianza al trono de la gracia de nuestro Dios.

Hebreos 4:16 NTV

¿Alguna vez has tenido miedo de decir la verdad después de hacer algo mal? No tienes que tener miedo de contarle nada a Dios. Él te da gracia, así que puedes ser valiente.

Dios es amable y perdona. Siempre te dará su amor. Pídele que te perdone y que te ayude a ser valiente para decir la verdad.

Querido Dios, gracias por tu amor. Amén.

¿Eres valiente al decir la verdad?

El barro

Nosotros somos el barro y tú, el alfarero.
Todos somos formados por tu mano.

Isaías 64:8 NTV

Los alfareros hacen cosas con barro, como platos, tazas y tazones. Dios dice que Él es el alfarero y tú eres el barro. Él te hace como quiere que seas.

Dios te hizo, y Él no comete errores. Cuando te mira, ve a su hija a quien ama. ¡Está muy orgulloso de ti!

Querido Dios, gracias por hacerme y amarme tal como soy. Amén.

¿Qué te gusta de ti?

9 DE MAYO

Ama a tus enemigos

«Amen a sus enemigos y háganles el bien».

Lucas 6:35 PDT

La Biblia dice que ames a tus enemigos. Tal vez no tienes enemigos. Eso está bien. Pero probablemente conoces a personas que hacen cosas malas muchas veces. Puedes ser amable con ellas y amarlas.

Es fácil amar a quienes te aman. Es difícil amar a quienes son malos contigo. Recuerda orar por ellos.

Querido Jesús, ayúdame a hacer el bien a los demás, incluso a quienes son malos. Amén.

¿Puedes ser amable incluso cuando las personas son malas?

Tu ancla

Esta esperanza es un ancla firme
y confiable para el alma.
HEBREOS 6:19 NTV

¿Por qué los barcos tienen anclas? El ancla pesada está unida al barco con una cadena fuerte. Cuando cae al fondo del mar, mantiene al barco en un lugar para que el viento y las olas no lo alejen mucho.

Tú eres como el barco, y la esperanza es tu ancla en Jesús. Si tienes esperanza en que Jesús siempre te ayudará, podrás estar firme y tranquila en medio de las olas de la vida.

Querido Jesús, por favor ayúdame a estar firme cuando la vida es difícil. Tú me das esperanza. Amén.

¿Cómo es Jesús siendo como un ancla?

11 DE MAYO

Mejor juntos

Más valen dos que uno, pues trabajando unidos
les va mejor a ambos.

ECLESIASTÉS 4:9 PDT

Marta trató de cruzar la piscina nadando sola, pero se cansó a la mitad. Menos mal que su mamá y su papá estaban justo ahí para ayudarla. Nadaron hacia ella y la llevaron a salvo al borde de la piscina.

Es bueno tener a alguien a tu lado. No solo es divertido, también pueden ayudarse el uno al otro cuando lo necesitan.

Querido Dios, gracias por las personas que me aman y me ayudan. Amén.

¿Quién está ahí para ayudarte cuando lo necesitas?

12 DE MAYO

Baja el ritmo

Deben estar listos para escuchar; en cambio deben ser lentos para hablar y para enojarse.

SANTIAGO 1:19 DHH

Andrea buscó por todas partes y no podía encontrar su muñeca favorita. «¿Dónde está mi muñeca?», le preguntó enojada a su hermana. Entonces, su mamá entró con la muñeca que Andrea había dejado afuera.

Andrea se sintió mal por haberse enojado tan rápido con su hermana. ¿Cómo puedes bajar el ritmo y hacer preguntas con calma? Dios está ahí para ayudarte. Pídele paciencia.

Querido Dios, no quiero enojarme tan rápido. Ayúdame a hablar con calma y a escuchar. Amén.

¿Le has pedido ayuda a Dios cuando estás enojada?

Qué hacer

El que vive enojado no puede vivir
como Dios manda.

SANTIAGO 1:20-21 PDT

Todos se enojan a veces, pero no está bien ser cruel cuando estás enojada. Respira profundo, cuenta hasta diez, e incluso puedes abrazar fuerte tu almohada.

Ten cuidado de no herir a nadie cuando estés enojada. Dile a Dios por qué estás enojada y pídele que te ayude. Él quiere ayudarte.

Querido Dios, ayúdame a no herir a otros cuando estoy enojada. Amén.

¿Qué puedes hacer cuando estás enojada?

14 DE MAYO

Regalo de paz

Un regalo en secreto calma el enojo,
y una propina en secreto alivia la furia más grande.
PROVERBIOS 21:14 PDT

Brenda tuvo un día realmente malo. Cuando llegó a su casa, encontró una cajita sobre su cama. Dentro había una pulsera y una nota amable de su mamá. Ese regalo secreto le hizo sentir mucho mejor.

El regalo de la bondad puede cambiar un día triste en uno feliz. Podrías escribir una nota linda o ayudar a tu vecina. Hacer un regalo también puede hacerte sentir bien a ti.

Querido Dios, muéstrame qué clase de regalo puedo hacer para alegrarle el día a alguien. Amén.

¿Qué regalo puedes hacer a alguien esta semana?

15 DE MAYO

Esperanza para todos

«Y su nombre será la esperanza
de todo el mundo».

Mateo 12:21 NTV

Jesús ama a todos. Ama a las personas de tu familia y a personas de todo el mundo. Dios ama a personas que son diferentes a ti.

El amor de Jesús da paz y puede ayudar a que las personas dejen de pelear.

Puedes actuar como Jesús. Muéstrales a las personas cómo es Él y dales esperanza de paz.

Querido Jesús, ayúdame a ser una persona de paz como tú. Amén.

¿Cómo puedes llevar esperanza de paz a otras personas?

16 DE MAYO

Gran amor

Así ustedes podrán comprender,
junto con todos los que formamos
el pueblo de Dios, el amor de Cristo en toda su plenitud.

Efesios 3:18 TLA

Hay partes profundas del océano a las que nadie ha llegado. Quedan muchas cosas por descubrir en el espacio. El amor de Dios es más profundo que el océano y más ancho que la galaxia.

Cuando necesites recordar cuán grande es el amor de Dios, mira el cielo. Es más grande de lo que puedes imaginar.

Querido Dios, por favor enséñame cuánto me amas. Amén.

¿Cómo puedes aprender más del amor de Dios cada día?

17 DE MAYO

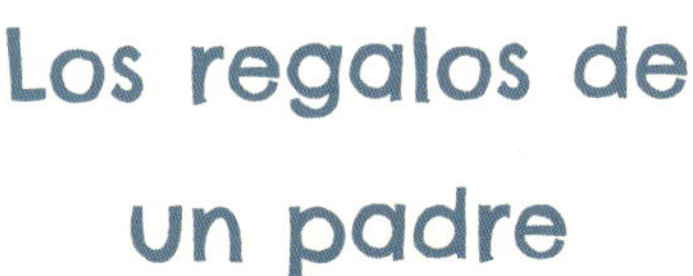

Los regalos de un padre

«Cuánto más su Padre celestial dará buenos regalos a quienes le pidan».

Mateo 7:11 NTV

Hay adultos en tu vida que te aman mucho, pero incluso ellos cometen errores. Imagina cuánto más te ama Dios.

Dios es perfecto, y su amor por ti también lo es. Él se alegra cuando le pides lo que necesitas porque le encanta cuidarte. Es un buen Padre que ama dar buenos regalos a sus hijos.

Querido Padre, gracias por tus buenos regalos. Amén.

¿Cuáles son algunos de los buenos regalos que has recibido de Dios?

Buenas noticias

«Vayan por todos los países del mundo y
anuncien las buenas noticias a todo el mundo».

Marcos 16:15 tla

La mejor noticia de todas es que Jesús ama a todos y puede quitar todo pecado. Quiere que todos estén cerca de Él. ¿Alguna vez le has hablado a alguien de su amor?

Cualquiera puede conocer a Dios y pedirle que quite su pecado. ¡Esa es una buena noticia!

Querido Jesús, ayúdame a hablarles de ti a otros para que conozcan tu amor. Amén.

¿Con quién puedes compartir de Jesús esta semana?

19 DE MAYO

Alaba a Dios

¡Vengan todos! ¡Aplaudan!
¡Griten alegres alabanzas a Dios!
SALMOS 47:1 NTV

Cuando estás muy feliz, puedes aplaudir, cantar o saltar. Piensa en un momento en el que te sentiste muy emocionada. ¿Qué hiciste?

Dios te da muchas razones para estar feliz. Puedes aplaudir, cantar, bailar o saltar para alabar a Dios. Dale gracias por lo maravilloso que Él es.

Querido Dios, gracias por todas las cosas maravillosas que has hecho. Amén.

¿Por qué puedes alabar a Dios hoy?

20 DE MAYO

Dios con nosotros

Entonces la Palabra se hizo hombre
y vino a vivir entre nosotros.

JUAN 1:14 NTV

Dios envió a Jesús a la tierra para que pudieras saber cómo es Dios. Jesús tenía hermanos y hermanas. Iba a la escuela. Hacía muchas cosas que tú haces, pero también era el Hijo de Dios.

Él sabe cómo es ser niño y crecer. Déjalo ayudarte en los días difíciles. Puedes conocer a Dios a través de la vida de Jesús.

Querido Jesús, gracias por mostrarme cómo es Dios. Amén.

¿Con qué necesitas ayuda hoy?

Ama a todos por igual

Ustedes dan especial atención al que está bien vestido.

Santiago 2:3 PDT

Dios no quiere que mires a alguien y decidas rápidamente cómo es. Dios mira el corazón, y no cómo se ve una persona por fuera. Él te pide que hagas lo mismo.

No trates diferente a las personas por cómo van vestidas. Diferente no significa malo. Trata a todas las personas con amabilidad. Eso es lo que Dios quiere que hagas.

Querido Dios, ayúdame a amar a todos sin importar cómo se vean. Amén.

¿Qué piensas cuando ves a alguien que es diferente a ti?

22 DE MAYO

Cómo amar

«Ama a tu prójimo
como a ti mismo».
SANTIAGO 2:8 NVI

Cuando Anita se esforzó mucho e hizo un buen trabajo, su maestra le dijo: «¡Muy bien hecho, Anita!». Eso hizo que Anita se sintiera bien. También le dieron ganas de seguir esforzándose.

Dios dice que así es como debes tratar a los demás. Piensa en lo que a ti te hace sentir bien, y trata así a los demás también.

Querido Dios, ayúdame a tratar a todas las personas con amabilidad. Amén.

¿Cómo te gusta que te traten?

23 DE MAYO

Tu gente

Doy gracias a Dios cada vez que me acuerdo de ustedes.

FILIPENSES 1:3 PDT

Cora amaba a su familia. Jugaba con su hermano y su hermana todos los días. Ayudaba a su papá en el jardín. Se acurrucaba con su mamá. También quería mucho a su maestra, a sus amigas de la escuela, e incluso a su vecina.

Da gracias por las personas que están en tu vida. A veces puedes enojarte con ellas, pero eso no significa que no las quieras. Dale gracias a Dios por las personas que Él puso en tu vida.

Querido Dios, gracias por todas las personas que están en mi vida. Por favor, bendícelas. Amén.

¿Por quién estás agradecida?

Búscalo

«Pues todo el que pide, recibe;
todo el que busca, encuentra; y a todo el que llama,
se le abrirá la puerta».

LUCAS 11:10 NTV

Isabel jugaba a las escondidas con sus primos. Encontró a todos menos a Paco. Buscó y buscó, pero no pudo encontrarlo. Isabel pensó en rendirse, pero siguió buscando.

A Dios es fácil encontrarlo. Él no lo pone difícil. Lo único que tienes que hacer es orar.

Querido Dios, gracias porque no eres difícil de encontrar. Ayúdame a buscarte todos los días. Amén.

¿Has hablado con Dios hoy?

25 DE MAYO

Tu pastor

Como un pastor que cuida su rebaño,
recoge los corderos en sus brazos.
Isaías 40:11 NVI

Un pastor caminaba por un campo lleno de ovejas. Un corderito estaba acostado. Tenía la pierna rota. El pastor lo levantó y lo llevó de regreso al establo. Es el trabajo del pastor cuidar a las ovejas.

Tú eres como un corderito y Dios es el pastor. Cuando te lastimes, Él cuidará de ti. Eres muy importante para Él, y te ama muchísimo.

Querido Jesús, gracias por cuidarme. Me siento especial y amada. Amén.

Cuando estás lastimada, ¿qué te hace sentir mejor?

26 DE MAYO

Dios da esperanza

Que el Dios de la esperanza
los llene de toda alegría.

Romanos 15:13 NVI

A Patricia le costaba aprender matemáticas. Trataba de prestar atención a su maestra, pero no lo entendía. Se sentía atascada, como si nunca fuera a mejorar.

¿Alguna vez te has sentido sin esperanza por algo? La Biblia dice que Dios da esperanza. Él puede ayudarte. Ningún problema es demasiado grande para Él. Cuéntale todo.

Querido Dios, gracias por darme esperanza. Amén.

¿Hay algún problema del que necesites hablar con Dios?

27 DE MAYO

Ayuda en el camino

Dime si mi conducta no te agrada,
y enséñame a vivir
como quieres que yo viva.
SALMOS 139:24 TLA

Cuando eres pequeña, necesitas más ayuda. Cuanto más creces, más cosas puedes hacer sin tu mamá, tu papá, o tu maestra. Pero ellos todavía pueden ayudar a guiarte.

Dios no quiere tomar el control. Él quiere guiarte. Cuanto más se lo permitas, más vas a crecer. Dios es el mejor guía.

Querido Dios, tú eres el mejor guía.
Ayúdame a seguirte todos los días.
Amén.

¿En qué quieres mejorar?

28 DE MAYO

Ayuda piadosa

La religión pura y sin contaminación
que Dios sí acepta, es esta:
ayudar a los huérfanos y a las viudas
en sus dificultades.

SANTIAGO 1:27 PDT

Lo que realmente le agrada a Dios es cuando cuidas a las personas. Hay algunas personas que no tienen a nadie que les ayude. Si quieres agradar a Dios, entonces ayuda a quienes lo necesitan.

El mundo dice que pienses solo en ti y hagas lo que te hace feliz, pero Dios dice que ayudes a los demás. Cuando amas con tus acciones, haces feliz a Dios.

Querido Dios, quiero ser servicial y amorosa. Muéstrame a quién puedo cuidar. Amén.

¿Puedes hacer algo hermoso por otra persona?

Cosas maravillosas

¡Cuántas cosas has hecho, Señor!
Todas las hiciste con sabiduría
SALMOS 104:24 DHH

Dios siempre está haciendo cosas maravillosas, pero puede que solo notes algunas cada día. Pídele a Dios que te las muestre, y Él abrirá tus ojos para que las veas.

Podrías ver cuán hermoso es el mundo, cómo ayudó Dios a tu familia, o cuánto te ama. Pídele que te muestre lo bueno que Él está haciendo, y lo hará.

Querido Dios, gracias por todas las cosas asombrosas que haces. Amén.

¿Qué cosas buenas de Dios notaste hoy?

Presta atención

Pues cada uno es responsable de su propia conducta.

Gálatas 6:5 NTV

Belinda y Jade tenían que hacer tareas todos los días. Cuando Jade se enfocaba en las suyas, las terminaba todas. Cuando miraba a Belinda y le decía qué hacer, se distraía y tardaba más.

Tu trabajo es hacer lo mejor que puedas. No te distraigas con lo que los demás tienen que hacer. Puedes pedirle ayuda a Dios para hacer tu trabajo y no mirar lo que hizo tu hermano o tu hermana.

Querido Dios, ayúdame a hacer un buen trabajo y no preocuparme por lo que hacen los demás. Amén.

¿Qué trabajo puedes hacer hoy?

La mente de Dios

Cuando [Dios] dice una cosa, la realiza.
Cuando hace una promesa, la cumple.
Números 23:19 DHH

El sábado, la mamá de Zaida le dijo que podía elegir algo divertido para hacer juntas. Quería ver una película, o ir al parque, o comer helado. No podía decidir qué elegir. Cambió de idea muchas veces.

Dios no cambia de idea. Él sabe lo que quiere, y sus promesas no cambian. Siempre puedes confiar en Él.

Querido Jesús, gracias porque nunca cambias de idea sobre amarme. Amén.

¿Qué cosas de Dios nunca cambian?

Junio

Sé tú mi roca de refugio
adonde pueda yo siempre acudir.

Salmos 71:3 NVI

1 DE JUNIO

Sé valiente

Estén alerta. Permanezcan firmes en la fe.
Sean valientes.

1 Corintios 16:13-14 NTV

Eloísa vio cómo sus amigas se iban corriendo y dejaban su desorden atrás. Ella sabía que debía quedarse y ayudar a limpiar. Fue valiente al elegir hacer lo correcto, aunque sus amigas pudieran burlarse de ella.

A veces, ser valiente significa que eres la única que toma una buena decisión. Todos los días puedes tomar decisiones. Sé valiente y haz lo que es correcto.

Querido Dios, ayúdame a ser valiente y a elegir lo que es correcto. Amén.

¿Siempre haces lo que hacen tus amigas?

El momento perfecto

En esta vida todo tiene su momento;
hay un tiempo para todo.

ECLESIASTÉS 3:1 TLA

Cristina estaba en la tienda con su mamá. Vio una bicicleta nueva y hermosa y se la pidió. La mamá de Cristina le dijo que no, pero un mes después, ¡recibió la bicicleta por su cumpleaños!

Puede ser difícil esperar lo que quieres. El momento de Dios siempre es perfecto. Tal vez no sea cuando tú lo quieres, pero puedes confiar en el plan de Dios.

Querido Jesús, tu momento es el mejor. Ayúdame a confiar en ti. Amén.

¿Alguna vez te ha costado trabajo esperar?

Nunca estás perdida

Me mostrarás el camino de la vida.
Hay gran alegría en tu presencia.

Salmos 16:11 DHH

María estaba en la feria con su familia. Se detuvo a mirar un juego muy divertido y, cuando se volteó, no vio a su familia. Solo vio una multitud de desconocidos. Entonces oyó a su papá llamarla por su nombre. Se volteó hacia la voz y vio su rostro. Se alegró de no estar perdida.

Cuando sigues a Dios, no tienes que preocuparte por estar perdida. Él siempre te encontrará.

Querido Dios, quiero conocer tu voz para encontrarte de inmediato. Amén.

¿Quién te ayuda cuando no sabes qué hacer?

4 DE JUNIO

Dios siempre escucha

El Señor me da fortaleza y es mi escudo.

SALMOS 28:7 PDT

Dios nunca está demasiado lejos. Siempre te escucha cuando lo llamas. Cuando susurras, Él te oye. Cuando gritas o lloras, Dios también está allí para ayudarte.

No tienes que ser buena para que Dios te escuche. Si estás enojada, Él sigue estando tranquilo. Sientas lo que sientas, está bien hablarlo con Él. Te ama muchísimo.

Querido Dios, gracias por escucharme siempre. Amén.

¿Sabías que puedes orar cuando estás enojada?

5 DE JUNIO

Descanso verdadero

Sólo en Dios hallo descanso,
de él viene mi esperanza.
SALMOS 62:5 PDT

Juanita pasó todo el día nadando con sus amigas. Estaba tan cansada al final del día que se quedó dormida de inmediato. Cuando despertó al día siguiente, tenía mucha energía, lista para un nuevo día.

Cuando tu corazón está triste o dolido, necesitas la ayuda de Dios para descansar. Él puede darte esperanza y alegría. Pídele a Dios que ayude a tu corazón a descansar cuando estés triste o preocupada.

Querido Dios, ayúdame a acudir a ti cuando mi corazón esté cansado. Amén.

¿Le pides ayuda a Dios cuando estás cansada?

6 DE JUNIO

Depende de Dios

Pon todo lo que hagas en manos del Señor,
y tus planes tendrán éxito.

Proverbios 16:3 NTV

Piensa en cuántas decisiones tomas cada día. Tal vez tus padres hacen muchos planes por ti, pero eso no significa que no puedas confiar en Dios. Él te ayudará con las decisiones que tomes.

Confía en Dios para que te ayude a ser una buena hermana, hija o amiga. Puedes confiar en Dios en cada parte de tu día.

Querido Dios, ayúdame a confiar en ti todo el día. Amén.

¿Cómo puedes hacer que Dios sea parte de tu día?

7 DE JUNIO

Crece en amor

No podemos más que agradecerle a Dios por ustedes,
porque su fe está floreciendo,
y el amor de unos por otros, creciendo.

2 Tesalonicenses 1:3 NTV

Cuanto más conoces a las personas, más puedes amarlas. Piensa en cuánto amas a tu mamá y a tu papá, y en cuánto amas a tus amigas. ¿Es más fuerte tu amor por tu familia? El amor crece con el tiempo. Dios quiere que sigas aprendiendo a amar.

Querido Jesús, enséñame a amar a los demás como tú lo haces. Amén.

¿Qué actos de amor puedes hacer hoy?

8 DE JUNIO

En paz con Dios

Dios se aparta de los malvados,
pero escucha la oración de los buenos.

PROVERBIOS 15:29 TLA

¿Crees que Jesús es el Hijo de Dios? ¿Crees que te ama y te escucha? ¿Confías en Él y haces lo que dice?

No tienes que ser perfecta. ¡Jesús lo es! La Biblia dice que nada puede separarte del amor de Dios. Cuando oras y hablas con Él, Él escucha tus oraciones.

Querido Jesús, gracias por ayudarme a vivir de la manera correcta. Amén.

¿Crees que Jesús quita tu pecado?

9 DE JUNIO

Verano e invierno

Tú pusiste límites a la tierra;
creaste el verano y el invierno.
SALMOS 74:17 PDT

Dios hizo las estaciones: invierno, primavera, verano y otoño. Tal vez no te guste el frío, pero el invierno les da descanso a las plantas y luego crecen más fuertes en primavera. El cambio de estaciones es bueno.

Cada estación tiene su propósito y bendición especial. Es bueno pensar en lo positivo de cada estación y darle gracias a Dios por ellas.

Querido Dios, gracias por las distintas estaciones. Cada una es importante. Amén.

¿Cuál es tu estación favorita?

10 DE JUNIO

Una en un millón

«Los ángeles de Dios hacen fiesta
cuando alguien se vuelve a Dios».

LUCAS 15:10 TLA

Hay más de siete mil millones de personas vivas en este momento. ¡Ese es un número muy grande! Dios conoce y ama a cada una de ellas.

Hay mucha alegría en el cielo cuando alguien decide seguir a Jesús. ¡Cada persona importa! Si sigues a Jesús, eres una hija de Dios y alegras su corazón.

Querido Jesús, gracias por mostrarme la alegría que tienes por mí. Amén.

¿Crees que Dios
está feliz contigo?

El buen pastor

El Señor es mi pastor;
tengo todo lo que necesito.
Salmos 23:1 NTV

Un buen pastor cuida a sus ovejas. Se asegura de que coman. Las protege de otros animales. Las rescata si se alejan. Les da lo que necesitan.

Dios es el Buen Pastor. Él cuida de todas tus necesidades pase lo que pase. Recuerda todo lo que Él hace por ti.

Querido Dios, gracias por ser mi Buen Pastor y darme lo que necesito. Amén.

¿Cómo cuida Dios de ti?

12 DE JUNIO

Dios te conoce

SEÑOR, tú me has examinado
y sabes todo de mí.
SALMOS 139:1 PDT

Dios te conoce mejor que nadie, ¡incluso mejor que tu mamá y tu papá! Él ve tu corazón. Sabe cómo te sientes en este momento.

¡Eso es una buena noticia! Dios te ama tal como eres. Quiere ayudarte a ser más amorosa. Te ama igual ahora que el día en que naciste.

Querido Dios, gracias por conocerme y amarme mejor que nadie. Amén.

¿Sientes que tienes que esconderle algo a Dios?

13 DE JUNIO

Dios es grande

Cuéntale todos tus problemas.
¡Dios es nuestro refugio!
SALMOS 62:8 TLA

El abuelo de Lidia estaba enfermo. Ella pensaba en él todo el día, y se preocupaba tanto que se sentía muy mal. No sabía qué hacer, así que habló con Dios sobre eso.

Dios quiere que le entregues tus preocupaciones. Cuéntale todo lo que te molesta y pídele que te dé paz. Él no quiere que te preocupes. No tienes que resolver tus problemas sola.

Querido Dios, puedo confiarte mis problemas, así que te los entrego ahora mismo. Amén.

¿Hay algún problema que puedas darle a Dios hoy?

14 DE JUNIO

Habla

«Habla por los que no pueden hablar
y defiende los derechos de los desamparados».

PROVERBIOS 31:8 PDT

Raquel estaba en el parque con su hermanito. Llegaron sus amigas y querían jugar, pero no querían que su hermano jugara con ellas. Raquel se sintió mal por dejarlo fuera, así que decidió no jugar con sus amigas.

Jesús hablaba por los que no podían defenderse. Él quiere que tú seas así también. Cuando alguien es tratado injustamente, puedes hablar por esa persona.

Querido Dios, por favor muéstrame cómo ayudar cuando otros están sufriendo. Amén.

¿Cómo puedes usar tu voz para ayudar a alguien?

15 DE JUNIO

El temor a los demás

Temer a la gente es una trampa peligrosa,
pero confiar en el SEÑOR significa seguridad.

PROVERBIOS 29:25 NTV

Sandra quería agradar a los demás, pero también quería hacer lo que es correcto. A menudo tenía miedo de lo que pensaban los demás de ella.

Tú deberías querer agradar primero a Dios. Cuando confías en Dios, solo tienes que pensar en lo que lo haría feliz a Él.

Querido Dios, ayúdame a concentrarme en lo que tú piensas más que en lo que piensan otros. Amén.

¿Cómo puedes hacer feliz a Dios hoy?

16 DE JUNIO

De la mano

«Porque yo soy el Señor tu Dios,
que sostiene tu mano derecha;
yo soy quien te dice:
"No temas, yo te ayudaré"».

Isaías 41:13 NVI

Cuando cruzas una calle con muchos autos, ir de la mano de un adulto puede ayudarte a sentirte segura. Estar cerca de personas en quienes confías puede hacer que incluso los lugares nuevos y aterradores se sientan seguros.

Dios puede cuidarte y hacerte sentir valiente solo con estar cerca de ti. Él puede guiarte a lugares nuevos. Lo único que tienes que hacer es pedirle ayuda.

Querido Dios, gracias por guiarme. Tú me haces valiente. Amén.

¿Qué te ayuda cuando estás nerviosa?

17 DE JUNIO

En tu mente

Llevamos cautivo todo pensamiento
para que obedezca a Cristo.
2 Corintios 10:5 NVI

Ana tenía muchas cosas en la cabeza, algunas buenas, otras malas, y otras un poco extrañas. No estaba segura de qué hacer con sus pensamientos, así que habló con su mamá.

A veces no puedes controlar lo que aparece en tu mente, pero sí puedes elegir qué hacer con eso. Entrégale tus pensamientos a Dios. Pídele que te ayude a pensar en cosas mejores.

Querido Dios, ayúdame a acudir rápido a ti cuando necesite ayuda con mis pensamientos. Amén.

¿A quién puedes contarle tus pensamientos?

18 DE JUNIO

Pasar tiempo

«Ama al Señor tu Dios con todo tu corazón, con toda tu alma y con toda tu mente».

MATEO 22:37 NVI

¿Cómo amas a tus padres? ¿Cómo amas a tus hermanos? ¿Cómo amas a tus amigas? Una manera de hacerlo es pasando tiempo juntos. A Dios también le encanta pasar tiempo contigo.

Puedes hablar con Dios, leer la Biblia, o escuchar música de alabanza. Puedes pasar tiempo con Dios invitándolo a tu día. Él piensa que eres una niña muy especial.

Querido Dios, gracias por querer pasar tiempo conmigo. Amén.

¿Cómo muestras tu amor a las personas?

19 DE JUNIO

Mejor que el dinero

No te desgastes tratando de hacerte rico.

PROVERBIOS 23:4 NTV

El dinero es necesario para comprar cosas. Es bueno trabajar duro y ganar dinero, pero hay cosas que valen más que el dinero.

Amar a Dios y amar a los demás es más importante que cuánto dinero tienes. El dinero y las cosas pueden desaparecer en un momento, pero el amor dura para siempre.

Querido Jesús, enséñame a amarte a ti y a los demás más que a las cosas que tengo. Amén.

¿Qué es mejor que el dinero para ti?

20 DE JUNIO

Protección poderosa

Los envolvió en sus brazos, los instruyó
y los cuidó como a la niña de sus ojos.

DEUTERONOMIO 32:10 DHH

Dios quiere mantenerte a salvo. Él está contigo. Él sabe la mejor manera en que debes vivir y las mejores decisiones que debes tomar.

Eres muy importante para Dios. Cuando estás triste, Él está cerca de ti. Él te cuida y te protege, incluso cuando no lo sabes.

Querido Dios, gracias por mantenerme a salvo. Amén.

¿Cómo te protege Dios?

21 DE JUNIO

Dios puede hacerlo

Oh Dios, haz que tu poder se presente;
despliega tu poder, oh Dios, como lo has hecho
en el pasado.

SALMOS 68:28 NTV

La Biblia es más que un libro de historias. Está llena de lo que Dios ha hecho. Cuando lees la Biblia, puedes ver lo que el poder de Dios puede hacer.

Dios hizo milagros antes, y todavía los hace ahora. ¡Él es fuerte y poderoso!

Querido Dios, quiero ver tu poder en mi vida. Amén.

¿Te sientes fuerte cuando oras?

22 DE JUNIO

Comparte en amor

Los amamos mucho y por eso nos alegramos
de compartir con ustedes las buenas noticias de Dios.

I Tesalonicenses 2:8 PDT

Es un acto de amor compartir las buenas noticias de Dios con los demás. Alguien te dio este libro porque te ama y quiere que conozcas a Dios. Cuanto más conoces a Dios, más tienes para compartir con los demás.

Compartir las buenas noticias de Dios puede ser tan sencillo como contar lo que amas de Él y cómo te hace sentir.

Querido Dios, enséñame a compartir la verdad de quién eres con los demás. Amén.

¿Qué amas de Dios que puedes contarle a alguien hoy?

23 DE JUNIO

Planes y milagros

«Nació ciego para que todos vieran el poder de Dios en él».

Juan 9:3 NTV

Cuando te enfermas o te lastimas, no significa que hayas hecho algo malo. Algunas cosas simplemente suceden, pero Dios puede hacer cosas asombrosas. Él hace milagros.

A Dios le encanta mostrarte su poder. Puedes animar a otras personas contando lo que Él ha hecho en tu vida.

Querido Dios, gracias por tu poder. Ayúdame a compartirlo con los demás. Amén.

¿Cómo puede usarte Dios para mostrar su poder?

24 DE JUNIO

Cuida bien

Les ruego que cuiden el rebaño de Dios
que ha sido puesto bajo su responsabilidad.

I Pedro 5:2 PDT

Josefina tenía una familia muy amorosa. Todos se cuidaban mutuamente. Compartían lo que tenían con los demás. Invitaban a sus amigas a cenar a su casa.

Cuidar a los demás es una forma de mostrar que amas a Dios. El amor de Dios no es solo para ti. Es algo que debes compartir.

Querido Jesús, muéstrame cómo puedo cuidar a los demás. Amén.

¿A quién puedes mostrarle el amor de Dios?

25 DE JUNIO

Amor muy muy grande

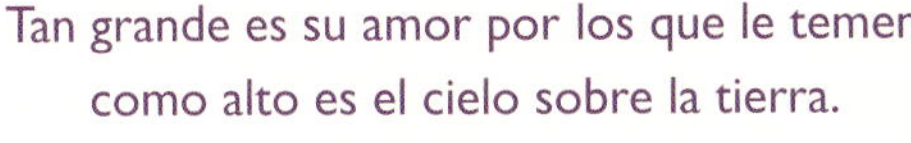

Tan grande es su amor por los que le temen
como alto es el cielo sobre la tierra.

Salmos 103:11 NVI

¿Alguna vez has hecho un viaje largo en auto, en avión o en tren? Puede tomar mucho tiempo llegar a otros estados o países. Y puede ser difícil entender qué tan lejos están los lugares.

Mira hacia el cielo. Más allá de las nubes están la luna y las estrellas. El amor de Dios por ti va más allá de eso. Es más grande de lo que puedes imaginar.

Querido Dios, gracias por tu amor tan, tan grande por mí. Amén.

¿Qué tan grande es el amor de Dios por ti?

26 DE JUNIO

Lo que Dios quiere

Esta es la confianza que tenemos al acercarnos a Dios: que, si pedimos cualquier cosa conforme a su voluntad, él nos oye.

1 Juan 5:14 NVI

Vanesa vio una caja de galletas sobre la mesa. Le preguntó a su mamá si podía comer una, pero su mamá quería que primero desayunara bien. Su mamá le dijo que guardara una en su lonchera. Vanesa sabía que eso era lo mejor para ella, así que obedeció.

Cuando conoces a Dios, puedes confiar en su respuesta. Pasar tiempo con Dios es importante. Lee la Biblia y habla con Él, así lo conocerás mejor.

Querido Dios, enséñame sobre ti para que sepa qué esperar de ti. Amén.

¿Cómo puedes saber lo que Dios quiere que hagas?

27 DE JUNIO

El mejor papá

¡Fíjense qué gran amor nos ha dado el Padre,
que se nos llame hijos de Dios!

1 Juan 3:1 NVI

Dios es un creador asombroso, un gobernante fuerte, y también un gran padre. Es el mejor papá del mundo, y te llama su hija. ¿No es eso algo especial?

Puedes acudir a Dios en cualquier momento. Él te hizo parte de su familia. Quiere que te sientas bien como eres. ¡Le encanta cómo te hizo!

Querido Padre, gracias por ser un papá tan bueno. Amén.

¿Cómo es un buen papá?

28 DE JUNIO

Buen fruto

«Así que por sus frutos los conocerán».

Mateo 7:20 NVI

Los manzanos dan manzanas. Los naranjos dan naranjas. Un peral no dará cerezas. Puedes saber qué tipo de árbol es mirando el fruto que da.

Lo mismo ocurre con las personas. Cuando sigues a Jesús, producirás el fruto del Espíritu. A Dios le encanta ver que creces dando buen fruto como amor, alegría, paz y paciencia.

Querido Jesús, ayúdame a vivir de una manera que muestre que te pertenezco. Amén.

¿Qué fruto puedes mostrarles a los demás hoy?

29 DE JUNIO

Murallas fuertes

Una persona sin control propio
es como una ciudad con las murallas destruidas.

Proverbios 25:28 NTV

Hace mucho tiempo, las ciudades tenían murallas fuertes a su alrededor para proteger a las personas de los enemigos. Si las murallas estaban rotas, los enemigos podían atacar y tomar la ciudad.

Dios quiere que uses el dominio propio como una muralla fuerte. El dominio propio te ayuda a no pegar o a quedarte callada cuando estás enojada. Te protege de tomar malas decisiones.

Querido Dios, ayúdame a controlarme, en especial cuando estoy tentada a hacer algo malo. Amén.

¿Cómo te ayuda el dominio propio a mantenerte segura?

Pedir ayuda

Respetar al SEÑOR es el principio de la sabiduría;
los tontos desprecian la sabiduría y la disciplina.

PROVERBIOS 1:7 PDT

A Alejandra le gustaba hacer las cosas sola. Quería ir a remar en kayak sola, pero su papá le dijo que no porque podía lastimarse. Alejandra se enojó en lugar de confiar en que su papá quería protegerla.

Cuando escuchas el consejo de personas sabias, demuestras que tú también eres sabia. Escuchar las instrucciones de Dios en la Biblia y obedecerlas te hace muy sabia.

Querido Dios, gracias por enseñarme lo que es sabio. Amén.

¿Qué consejo necesitas hoy?

Julio

La seguridad que tenemos
al estar unidos a Dios es esta:
Dios escucha nuestras
oraciones cuando le pedimos
conforme a su voluntad.

1 Juan 5:14 PDT

Tener miedo

«¡…el Señor está con nosotros!
¡No les tengan miedo!».

NÚMEROS 14:9 NTV

A veces suceden cosas que dan miedo. Una tormenta fuerte puede hacer que quieras esconderte bajo las cobijas. Una experiencia nueva puede ponerte nerviosa. Es normal tener miedo, pero es importante hablar sobre eso.

El amor de Dios es como un escudo fuerte. Te rodea. Su amor puede darte valentía cuando tienes miedo. Recuerda que Dios está de tu lado y está contigo.

Querido Dios, gracias por estar cerca cuando tengo miedo. Amén.

¿Te sientes valiente al saber que Dios está contigo?

2 DE JULIO

Cántale a Dios

Cántenle una canción nueva;
toquen con destreza.
SALMOS 33:3 NVI

¿Te gusta cantar? A Dios le gusta mucho cuando le cantas. Cuanto más alabes a Dios, más cerca sentirás tu corazón de Él.

Cuando estés feliz, canta sobre eso. Si estás triste, también puedes cantar sobre eso. A Dios le gusta oír tu voz. ¡Puedes cantarle cuando quieras!

Querido Dios, gracias por mi voz. La usaré para cantarte. Amén.

¿Cuál es tu canción de adoración favorita?

3 DE JULIO

Escoge la paz

Hagan todo sin quejarse y sin discutir.

Filipenses 2:14 NTV

Sabrina oyó a sus padres discutiendo cuando despertó. Al ir al piso de abajo, su hermano se quejaba del desayuno. Todos estaban de mal humor, así que Sabrina decidió estar contenta y quedarse callada.

Hay días en los que es difícil encontrar la paz. Dios quiere que seas amorosa. No quiere que discutas, ni te quejes todo el día. Quiere que trates de ayudar a que la vida sea pacífica.

Querido Dios, ayúdame a hacer las cosas sin quejarme. Amén.

¿Cómo puedes ayudar a crear la paz?

La obra de Dios

Contemplo el cielo, y la luna
y las estrellas que tú mismo hiciste.

SALMOS 8:3 TLA

¿Has mirado el océano, las estrellas en la noche o una montaña enorme? Dios creó todas esas cosas grandes. ¡Y también te hizo a ti!

Puede que seas pequeña, pero el amor de Dios por ti es más grande que todo lo que puedes ver. De todo lo que Él creó, tú eres su favorita. Para Dios, tú eres muy importante. ¡Eres especial!

Querido Dios, gracias por amarme más que a cualquier otra cosa que creaste. Amén.

¿Qué te ayuda a recordar el amor de Dios?

5 DE JULIO

Confía en el amor de Dios

Nosotros sabemos cuánto nos ama Dios y hemos puesto nuestra confianza en su amor. Dios es amor.

1 JUAN 4:16 NTV

Malena estaba emocionada por ir al campamento. ¡Había cabañas para dormir, juegos para jugar, y una piscina para nadar! A veces extrañaba a sus padres, pero sabía que la amaban y que pronto los volvería a ver.

Confiar en el amor de Dios se parece un poco a eso. No puedes verlo, pero sabes que Él te ama. Recordar lo mucho que te cuida hace que tu corazón se sienta mejor.

Querido Dios, gracias por tu amor. Me hace sentir segura. Amén.

¿Cómo puedes confiar en el amor de Dios?

Una buena amiga

Traten de entenderse los unos a los otros.

I Pedro 3:8 PDT

Necesitas saber cómo ser una buena amiga. La Biblia te enseña muchas maneras de hacerlo. Una manera es tratar de entenderse los unos a los otros.

Piensa en cómo se sienten los demás. Piensa en maneras de ser amable con tus amigas y hacer cosas por ellas en vez de solo por ti misma.

Querido Jesús, ayúdame a ser amable. Recuérdame pensar primero en mis amigas. Amén.

¿Cómo puedes entender mejor a las personas?

7 DE JULIO

Confianza extrema

Fue por la fe que Noé construyó un barco grande para salvar a su familia del diluvio en obediencia a Dios, quien le advirtió de cosas que nunca antes habían sucedido.

Hebreos 11:7 NTV

Dios le pidió a Noé que hiciera algo muy loco: construir un gran barco cuando nunca antes había llovido. Tal vez Noé no entendía por qué, pero igual escuchó a Dios.

Cuando comenzó a llover, Noé se alegró de haber obedecido. Tuvo mucha fe, aunque no entendía. Dios quiere que lo obedezcas y confíes en que Él sabe lo que es mejor.

Querido Dios, ayúdame a escucharte incluso cuando no entiendo. Amén.

¿Te resulta difícil hacer algo cuando no sabes por qué?

8 DE JULIO

Paso a paso

«Lamento haber hecho rey a Saúl, pues se ha apartado de mí y no ha llevado a cabo mis instrucciones».

1 Samuel 15:11 NVI

Saúl fue un rey en la Biblia que dejó de escuchar a Dios. Dios lo había elegido como rey, pero con el tiempo, Saúl decidió hacer todo a su manera.

Cada día puedes elegir obedecer a Dios. No es algo que se hace una sola vez. Sigue pidiéndole a Dios que te muestre lo que está bien.

Querido Dios, quiero seguirte cada día y no hacer las cosas a mi manera. Amén.

¿Estás escuchando a Dios?

9 DE JULIO

Huye del orgullo

El orgullo lleva a la deshonra,
pero con la humildad viene la sabiduría.

PROVERBIOS 11:2 NTV

A Josefina le gustaban los mapas. Le encantaba aprender dónde estaban los diferentes lugares. En un paseo con su papá, se confundió por el camino. Le gritó cuando él le dijo que iban en la dirección equivocada. El orgullo hizo que Josefina le gritara a su papá. Estaba molesta por haberse equivocado.

Todos cometemos errores. Dios no quiere que seas perfecta. Quiere que seas sincera, humilde y amorosa.

Querido Dios, por favor ayúdame a aprender de mis errores en lugar de enojarme. Amén.

¿Cómo reaccionas cuando te equivocas?

Un corazón tierno

«¡Oh Señor, te suplico que oigas mi oración!».

Nehemías 1:11 NTV

Dios puede cambiar los corazones. Puede convertir a una niña que lastima a los demás en una amiga. Tu tarea es orar y pedirle que le enseñe a esa niña a ser amable, y que te dé la paciencia para tratarla.

Dios también puede ayudarte a ser amable, aunque no tengas ganas. Pídele que cambie tu corazón. Él escucha tus oraciones.

Querido Dios, gracias por cambiar mi corazón para que se parezca más al tuyo. Amén.

¿Qué le estás pidiendo a Dios hoy?

11 DE JULIO

Sé bondadosa siempre

No devuelvan mal por mal ni insulto por insulto.
Al contrario, devuelvan bendición.

1 Pedro 3:9 dhh

Rosa y Jaime estaban jugando damas. Rosa empujó el tablero y las piezas se cayeron. Jaime le gritó, y ella quiso gritarle también. Respiró profundo, y en vez de eso dijo que lo sentía.

Las palabras tienen poder. Pueden herir o ayudar. Una palabra amable puede hacer que alguien se sienta mejor. Dios quiere que seas buena incluso cuando los demás no lo son.

Querido Dios, enséñame a controlar mis palabras. Ayúdame a tratar a los demás con bondad. Amén.

¿Cómo puedes ser buena cuando estás molesta?

12 DE JULIO

Compartir sentimientos

Si alguno está alegre, alégrense con él;
si alguno está triste, acompáñenlo en su tristeza.
ROMANOS 12:15 TLA

Una manera de amar a los demás es tratar de sentir lo que ellos sienten. Cuando tu amiga está triste, puedes consolarla con un abrazo. Cuando tu hermana está feliz, puedes reír con ella.

No tienes que cambiar cómo se sienten los demás. La próxima vez que alguien que amas esté triste, dale un abrazo y siéntate a su lado durante un rato.

Querido Dios, muéstrame cómo ser sensible con los demás. Amén.

¿Hay alguien a quien puedas consolar ahora mismo?

Tenis con arena

Confía en el SEÑOR con todo tu corazón;
no dependas de tu propio entendimiento.

PROVERBIOS 3:5 NTV

Camila y su familia iban a la playa. Su mamá le dijo que usara sandalias, pero ella quería usar sus tenis. Así que lo hizo. Al caminar por la playa, sus zapatos se llenaron de arena. Camila debió haber escuchado a su mamá.

Dios ve lo que tú no puedes ver. Él sabe más sobre tu vida que tú misma. Puedes confiar en que te dará buenas instrucciones.

Querido Dios, tú sabes más que yo. Ayúdame a hacer lo que tú me pides. Amén.

¿Cómo puedes ser mejor en escuchar?

Amor que permanece

Nada podrá jamás separarnos del amor de Dios.

ROMANOS 8:38-39 NTV

La vida está llena de cosas nuevas. Nuevos cursos. Nuevos hermanitos. Nuevos maestros. Nuevas casas. Nuevas amigas. A veces, las cosas nuevas pueden dar miedo.

Cuando otras cosas cambian en tu vida, el amor de Dios por ti sigue igual. Nada puede separarte de su amor. ¡Es mucho mejor de lo que imaginas!

Querido Jesús, gracias por tu amor que nunca me abandona. Amén.

¿Qué hay de nuevo en tu vida ahora?

15 DE JULIO

El camino de Dios

«Te enseñaré y te mostraré el camino;
te estaré observando y seré tu guía».

SALMOS 32:8-9 PDT

Dios es un buen líder. Quiere que lo sigas. Algunos animales no saben seguir bien. Necesitan una cuerda para guiarlos y mantenerlos cerca.

Dios es un gran líder. Pídele ayuda para seguir su camino. Escucha, sé valiente, y deja que Él te guíe.

Querido Dios, sé que tus planes son buenos. Ayúdame a seguirte. Amén.

¿Cómo puedes ser una buena seguidora?

16 DE JULIO

Mucho con poco

«Pero ¿cómo podremos encontrar
comida para tanta gente?».

MATEO 15:33-34 DHH

Jesús tomó unos pocos peces y panes y entonces hizo un milagro. Oró y multiplicó la comida para alimentar a todos. Los panes y los peces alimentaron a miles de personas, ¡y hasta sobró comida!

Jesús también puede hacer cosas grandes por ti. Él puede tomar un poco y convertirlo en más que suficiente.

Querido Jesús, ayúdame a recordar que tú puedes hacer mucho con poco. Amén.

¿Qué cosas grandes ha hecho Dios por ti?

17 DE JULIO

Sigue así

Así que no nos cansemos de hacer el bien.

Gálatas 6:9 NTV

Las plantas tardan en crecer. Remueves la tierra, siembras las semillas y las riegas. Las semillas también necesitan mucho sol. Crecen despacio, pero si las cuidas bien, crecerán.

Conocer a Dios también toma tiempo. Pasa tiempo con Él todos los días y lo conocerás cada vez más. Habla con Dios, lee tu Biblia, y tu fe crecerá.

Querido Dios, ayúdame a ser paciente mientras te conozco. Amén.

¿Qué puedes hacer para acercarte más a Dios?

18 DE JULIO

Da todo lo que tienes

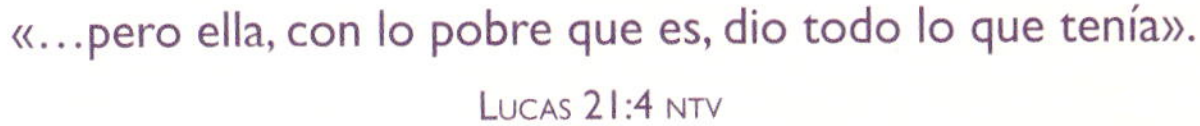

«…pero ella, con lo pobre que es, dio todo lo que tenía».

LUCAS 21:4 NTV

La mujer pobre de esta historia de la Biblia dio todo lo que tenía a Dios, aunque era muy poco. Los ricos daban mucho dinero, pero se quedaban con mucho para ellos.

Aunque seas pequeña, también tienes algo que darle a Dios. No tiene que ser dinero. Puedes dar tu tiempo para ayudar a otras personas: limpiar, regar las plantas, recoger hojas o basura. Hay muchas maneras de dar lo que tienes.

Querido Dios, ayúdame a darte todo lo que tengo. Amén.

¿Qué puedes darle hoy a Dios?

19 DE JULIO

Cree

Dios nos hace justos a sus ojos
cuando ponemos nuestra fe en Jesucristo.

ROMANOS 3:22 NTV

No hay nada que puedas hacer por tu cuenta para estar en paz con Dios. ¡La buena noticia es que Jesús ya lo hizo todo por ti! No tienes que ser perfecta. Dios igual te ama y te perdona si crees en Él.

Cuando te sientas mal, Jesús puede ayudarte. Habla con Él como hablarías con tus padres o con una amiga. Él dio su vida para ayudarte. Cree en lo que hizo por ti.

Querido Jesús, gracias por ayudarme cada día. Creo en ti. Amén.

¿Crees que Jesús puede ayudarte con cualquier cosa?

20 DE JULIO

Nueva

Aprendieron a renovar su forma de pensar
por medio del Espíritu.

Efesios 4:23 PDT

Cuando le das tu corazón a Jesús, Él lo hace nuevo. Te da un nuevo comienzo. ¿Alguna vez has querido comenzar algo nuevo? Así es seguir a Jesús cada día.

Seguir a Jesús significa actuar como Él. Escoges ser amable. Ayudas a las personas. Amas a los demás incluso cuando ellos no son cariñosos contigo. Tomas decisiones para ser mejor persona.

Querido Jesús, gracias por hacerme nueva. Amén.

¿Cómo puedes parecerte más a Jesús?

21 DE JULIO

Da lo mejor de ti

Cuando hagan cualquier trabajo, háganlo de todo corazón.

COLOSENSES 3:23 PDT

Piensa en todo lo que haces en un día. Te vistes, tiendes tu cama, te cepillas los dientes. Aprendes, juegas con amigas, ayudas a tu familia. Y puedes hacerlo muy bien.

Cuando tiendas tu cama, dale gracias a Dios por darte un lugar cálido para dormir. Cuando juegues con tus amigas, sé amable. A Dios le agrada cuando haces lo mejor en todo.

Querido Dios, ayúdame a dar lo mejor de mí en todo lo que hago. Amén.

¿Cómo puedes dar siempre lo mejor de ti?

22 DE JULIO

La creación de Dios

Porque desde la creación del mundo
las cualidades invisibles de Dios...
se perciben claramente.

Romanos 1:20 NVI

La naturaleza te enseña sobre Dios. Mira todas las cosas asombrosas que Él creó: un gran cielo lleno de estrellas, un océano profundo con peces grandes y pequeños, montañas altas que llegan hasta las nubes.

La tierra está llena de cosas maravillosas que Dios hizo, ¡como tú! ¿Hay flores floreciendo? ¿Están naciendo animales bebés? Sal a caminar con tu familia y observa.

Querido Dios, gracias por este mundo tan hermoso que creaste para que lo disfrute. Amén.

¿Qué es lo que más te gusta de la naturaleza?

23 DE JULIO

Palabras poderosas

El Señor tan solo habló y los cielos fueron creados.
Sopló la palabra, y nacieron todas las estrellas.

Salmos 33:6 NTV

Pamela estaba sentada en su cama. «¡Que aparezca un robot!», dijo. Apareció un robot y limpió su cuarto. *¡Esto es estupendo!*, pensó. Entonces despertó de su sueño.

Pamela no podía hacer que apareciera un robot solo con sus palabras. Solo las palabras de Dios son tan poderosas que pueden crear cosas. Puedes leer todo sobre eso en tu Biblia.

Querido Dios, gracias por crear el mundo con tus palabras poderosas. Amén.

¿Cómo puedes alabar a Dios con tus palabras?

24 DE JULIO

Conoce su amor

SEÑOR, tu fiel amor llega hasta el cielo,
tu fidelidad hasta las nubes.

SALMOS 36:5 PDT

El amor de Dios es más grande de lo que puedes entender. Es más alto que el cielo. Es más grande que el espacio. No se acaba nunca.

El amor de Dios puede cambiar tu vida. Puede hacer que te sientas mejor. Puede darte esperanza. Puede darte valentía. ¡Su amor es muy grande!

Querido Dios, gracias por tu gran amor por mí. Me hace sentir muy especial. Amén.

¿Cómo te ayuda el amor de Dios?

Lugar seguro

Confíen siempre en Dios, cuéntenle todos
sus problemas, Dios es nuestro refugio.

SALMOS 62:8 PDT

Ángela estaba caminando con su familia cuando comenzó a llover. Corrieron a un techo de picnic y esperaron que pasara la tormenta. Ese lugar era seguro.

Dios es como un refugio cuando llueve. Es un lugar seguro cuando la vida se siente como una tormenta. Puedes correr hacia Él y contarle todos tus sentimientos.

Querido Dios, gracias por ser mi lugar seguro. Amén.

¿Qué tan segura te sientes con Dios?

26 DE JULIO

Trabajo duro

Si trabajas duro, sacarás provecho,
pero si no haces más que hablar sólo tendrás miseria.

PROVERBIOS 14:23 PDT

Las personas que trabajan duro terminan el trabajo. Ningún trabajo dura para siempre. Cuanto más trabajes, más rápido terminas. Y se siente bien terminar algo.

Cuando tus padres te pidan que limpies tu cuarto, hazlo lo mejor que puedas. Cuando hagas tarea, esfuérzate mucho. No te rindas. Pídele a Dios que te ayude a trabajar duro y terminar tu tarea.

Querido Dios, ayúdame a trabajar duro y hacer un buen trabajo. Amén.

¿En qué puedes esforzarte hoy?

27 DE JULIO

Cosas nuevas

He aprendido a estar satisfecho en cualquier situación en que me encuentre.

Filipenses 4:11 NVI

Marina fue a la fiesta de cumpleaños de Camila. Camila recibió como regalo una casa de muñecas muy linda. Marina también quería una. Ya no estaba feliz con la que ella tenía después de ver la nueva casa de Camila.

Las cosas nuevas no te harán feliz para siempre. Pronto querrás otra cosa. Dios quiere que seas feliz con lo que tienes y que encuentres alegría en Él.

Querido Dios, enséñame a estar feliz con lo que tengo. Amén.

¿Qué tienes que te gusta mucho?

28 DE JULIO

Siempre agradecida

Den gracias a Dios en cualquier circunstancia.

1 Tesalonicenses 5:18 tla

¿Das gracias todos los días? Tal vez das las gracias cuando alguien te ayuda o te da algo. Es bueno decirle a Dios y a los demás cuando estás agradecida.

La Biblia dice que hay que dar gracias sin importar lo que pase. Cuando pasan cosas buenas, es fácil dar gracias. Es más difícil cuando las cosas no salen como quieres. ¡Practica dar gracias de todos modos!

Querido Dios, ayúdame a ser agradecida cuando tengo ganas y cuando no. Amén.

¿Por qué estás agradecida hoy?

29 DE JULIO

Sabiduría

Acumula verdad y sabiduría, disciplina y entendimiento, ¡y no los cambies por nada!

PROVERBIOS 23:23 TLA

Tener sabiduría es saber lo que está bien y entonces hacerlo. Cuando una amiga quiere que digas una mentira, sabiduría es decir la verdad. Cuando quieres pegarle a tu hermano, sabiduría es alejarte.

Si necesitas sabiduría, Dios puede dártela. Solo tienes que pedírsela. Él no oculta cosas. Siempre está listo para ayudarte.

Querido Dios, gracias por enseñarme lo que está bien. Amén.

¿Qué decisiones sabias tomaste esta semana?

30 DE JULIO

Confía en el amor de Dios

El SEÑOR se complace en los que le temen,
en los que confían en su gran amor.

SALMOS 147:11 NVI

Dios no quiere que le tengas miedo. Cuando la Biblia dice que hay que temer a Dios, quiere decir obedecerlo y respetarlo.

Dios quiere que seas amable y perdones porque así es Él contigo. Puedes confiar en su amor. No tienes nada que temer.

Querido Dios, gracias porque no tengo que tenerte miedo. Amén.

¿Cómo puedes confiar en el amor de Dios?

Lo que es bueno

Ustedes dicen: «Se me permite hacer cualquier cosa», pero no todo les conviene.

1 Corintios 6:12 NTV

A medida que creces, puedes tomar más decisiones, pero no todo es bueno para ti. Solo porque puedes hacer algo no quiere decir que debes hacerlo. Podría ser una mala decisión.

Puedes escoger tener una buena actitud, aunque estés cansada. Puedes escoger qué hacer en tu tiempo libre. Sé sabia para tomar buenas decisiones.

Querido Dios, quiero tener sabiduría y tomar buenas decisiones a medida que crezco. Amén.

¿Qué buenas decisiones tomaste hoy?

Agosto

Le pedimos [a Dios] que,
con su poder, cumpla todo lo
bueno que ustedes desean.

2 Tesalonicenses 1:11 TLA

1 DE AGOSTO

El Espíritu Santo

Cuando venga el Espíritu de verdad,
él los guiará a toda la verdad.

JUAN 16:13 NTV

El Espíritu Santo es una parte de Dios que vive en ti cuando le pides a Jesús que entre en tu corazón. Él te ayuda a honrar a Dios con tus decisiones.

El Espíritu Santo puede ayudarte a saber qué hacer. Presta atención a lo que sientes que es correcto y verdadero. Deja que el Espíritu Santo te recuerde hacer lo que es correcto.

Querido Espíritu Santo, enséñame a hacer lo que es correcto. Amén.

¿Para qué cosas necesitas la ayuda del Espíritu Santo ahora mismo?

2 DE AGOSTO

Ora todo el tiempo

Oren en todo momento.

1 Tesalonicenses 5:17 TLA

Orar es hablar con Dios. Puedes hablar con Él de cualquier cosa y en cualquier momento. A Él le gusta mucho escuchar tu voz.

Dios sabe lo que sientes en tu corazón y lo que piensas en tu mente. A Él le importan tus sentimientos y tus pensamientos. Es como un mejor amigo que siempre está ahí para ti.

Querido Dios, ayúdame a recordar que puedo hablar contigo siempre. Amén.

¿Cuánto has hablado con Dios hoy?

Pruebas

SEÑOR, examina mis sentimientos
y pon a prueba mis pensamientos más profundos.

Salmos 26:2 PDT

Las pruebas y los exámenes muestran lo que sabes y lo que estás aprendiendo. Dios te hizo como eres. Él sabe cómo aprendes mejor.

Dios puede mostrarte lo que debes y no debes hacer. Cuando necesites pasar más tiempo descansando o necesites ayuda para aprender, escucha a Dios. Él es el mejor maestro.

Querido Dios, gracias por ser mi maestro bueno. Amén.

¿Qué exámenes has tomado últimamente?

Buenos ejemplos

Tengan en cuenta a sus líderes
que les enseñaron el mensaje de Dios.
HEBREOS 13:7 PDT

A Melinda le encantaba pasar tiempo con su abuelo. Él tenía muchas herramientas y podía arreglar cualquier cosa. Le enseñaba a usar algunas de sus herramientas y también le enseñaba sobre Dios.

Aprenderás cosas toda tu vida. Tus abuelos también siguen aprendiendo. Pídeles que te cuenten ejemplos de lo que Dios ha hecho por ellos.

Querido Dios, ayúdame a aprender de personas que son buenos ejemplos. Amén.

¿Qué preguntas puedes hacerles a los adultos que conoces?

5 DE AGOSTO

Cosas grandes

«El que confía en mí hará lo mismo que yo hago».

JUAN 14:12 TLA

Jesús hizo cosas asombrosas durante su vida. Resucitó a los muertos, sanó a los enfermos e hizo que los que se sentían solos se sintieran bienvenidos. Jesús dijo que, si confías en Él, tú también puedes hacer esas cosas.

A Dios le gusta hacer cosas buenas. Puedes orar para que Él haga cosas buenas en tu vida, y Él lo hará. Busca maneras en las que puedas ser como Jesús para otros.

Querido Jesús, gracias por las cosas asombrosas que haces. Amén.

¿Cómo puedes ser como Jesús hoy?

6 DE AGOSTO

Las oraciones de un hijo

La oración de una persona buena es muy poderosa, porque Dios la escucha.

SANTIAGO 5:16 TLA

¿Sabías que tus oraciones son poderosas? Jesús hizo que puedas acercarte a Dios como una hija se acerca a su papá. Para Él no eres una extraña. Él escucha tus oraciones.

No importa si es algo pequeño como pedirle que haga un día soleado, o algo grande como orar para que sane a alguien que amas. Tus oraciones tienen el poder de tocar el corazón de Dios.

Querido Dios, gracias porque puedo hablar contigo como una hija. Amén.

¿Por quién puedes orar hoy?

7 DE AGOSTO

Cara a cara

Ahora vemos todo como el reflejo tenue
de un espejo oscuro,
pero cuando llegue lo perfecto,
nos veremos con Dios cara a cara.

1 Corintios 13:12 PDT

¿Alguna vez has intentado ver a través de una ventana empañada? No se puede ver con claridad. Conocer a Dios se parece un poco a mirar a través de una ventana empañada. No se le puede ver con los ojos humanos.

Nadie sabe exactamente cómo es Dios. Un día lo verás cara a cara en el cielo, pero hasta entonces puedes conocerlo mirando a Jesús.

Querido Dios, muéstrame más de ti cada día. Amén.

¿Qué has aprendido acerca de Dios?

Pide ayuda

Los planes fracasan cuando no se consultan,
pero tienen éxito cuando se pide consejo a los que saben.

PROVERBIOS 15:22 PDT

Lucía quería hacer un pastel grande. Su mamá y su tía querían ayudar, pero ella quería hacerlo sola. El pastel no salió como ella había imaginado. Si Lucía hubiera dejado que su familia le ayudara, el pastel habría salido mucho mejor.

La Biblia dice que pedir ayuda es algo bueno. Un equipo puede conseguir muchas más cosas que una persona sola.

Querido Dios, enséñame a saber cuándo pedir ayuda. Amén.

¿Con qué puedes pedir ayuda?

Tus cimientos

«El que cree en mí vivirá, aunque muera».

JUAN 11:25 NVI

Todas las casas necesitan unos cimientos. Es la parte más fuerte de toda la casa. Es lo primero que se construye y dura mucho tiempo porque está hecho de piedra o cemento.

Dios dice que creer en Jesús es como tener unos cimientos fuertes. Son la base de tu fe. Todo lo demás debería construirse encima de ellos, ¡y durará para siempre!

Querido Jesús, gracias por ser lo más fuerte de mi vida. Amén.

¿Es Jesús tu cimiento fuerte?

10 DE AGOSTO

Mucho tiempo

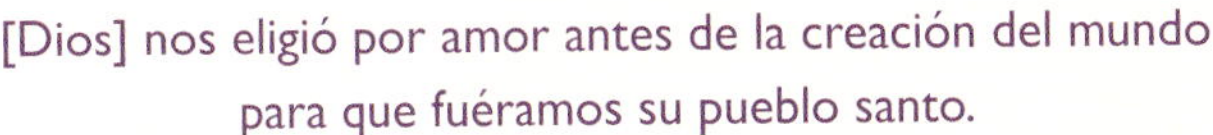

[Dios] nos eligió por amor antes de la creación del mundo para que fuéramos su pueblo santo.

Efesios 1:14 PDT

Hace cien años atrás, el mundo era diferente. Las personas escuchaban la radio en lugar de ver televisión. Algunas personas usaban caballos en lugar de autos. Cien años es mucho tiempo.

Dios te ha amado desde antes de que nacieras. Él te amaba incluso desde antes de que Jesús viniera a la tierra. Él te amaba cuando estaba creando la tierra. El amor de Dios nunca se acaba.

Querido Dios, gracias por amarme incluso antes de que naciera. Amén.

¿Te sientes especial porque Dios te haya escogido?

Un corazón contento

¡En tu presencia soy muy feliz!

Salmos 16:11 TLA

Piensa en el momento en el que fuiste más feliz. ¿Con quién estabas? ¿Qué hacías? Hay personas que hacen que sintamos el corazón grande, lleno de amor, y contento.

La Biblia dice que Dios puede hacer que nuestros corazones estén contentos. Cuando estás cerca de Dios, Él llena tu corazón de alegría y paz. Cada día puede ser un buen día cuando estás cerca de Dios.

Querido Dios, gracias por llenarme de alegría. Amén.

¿Qué hace que tu corazón esté contento?

Ten esperanza siempre

El Dios de toda gracia… los restaurará
y los hará fuertes, firmes y estables.

I Pedro 5:10 NVI

Tendrás días buenos y días difíciles. Los días malos no duran para siempre. Cuando tengas un problema, Dios puede darte fuerza y ayudarte a superarlo.

Puedes tener esperanza incluso en los días difíciles. La esperanza te mantiene creyendo que las cosas mejorarán. Jesús puede ayudarte. Pídele que dé fuerza a tu corazón en esos días difíciles.

Querido Dios, gracias porque cuando tengo problemas, tú puedes hacerme fuerte. Amén.

¿Qué harías si tuvieras un día difícil?

Dios es amor

El amor acepta todo con paciencia. Siempre confía. Nunca pierde la esperanza. Todo lo soporta.

1 Corintios 13:7 PDT

La Biblia dice que Dios es amor. Eso significa que Dios acepta todo con paciencia. Él siempre confía. Nunca pierde la esperanza. Todo lo soporta.

Cuando estés triste o cansada, Dios puede ayudarte a seguir adelante. Él puede llenar de esperanza un corazón triste. Su amor es tan grande que nunca se acabará.

Querido Dios, estoy muy contenta porque tu amor nunca se da por vencido. Amén.

¿Cómo puede ayudarte el amor de Dios a seguir adelante?

14 DE AGOSTO

El canto de Dios

Tu Dios está contigo… con cantos de alegría
te expresará la felicidad que le haces sentir.

SOFONÍAS 3:17 TLA

¿Sabías que Dios entona cantos de alegría sobre ti? Él te ama mucho. Siempre quiere pasar tiempo contigo, y tú haces que su corazón se alegre.

A Dios le gusta compartir su amor contigo. Pídele que te diga lo mucho que le importas. Intenta estar tumbada en silencio en la cama y escucha lo que Él te dice acerca de su amor.

Querido Dios, gracias por alegrarte por mí. Amén.

¿Cuál es el canto más alegre que conoces?

A Dios le importa

Dios mostró el gran amor que nos tiene
al enviar a Cristo a morir por nosotros
cuando todavía éramos pecadores.

ROMANOS 5:8 NTV

Cristina estaba triste. Su mamá le dio un abrazo y se sentó con ella en el sillón. Eso hizo que Cristina se sintiera amada. Todavía estaba un poco triste, pero no se sentía sola.

Dios te mostró lo mucho que te ama al entregar a su precioso Hijo Jesús para que muriera por ti. Gracias a que Jesús hizo eso, tú puedes conocer el gran amor de Dios por ti.

Querido Dios, gracias por enseñarme lo mucho que me amas. Amén.

¿Qué hace que te sientas amada?

16 DE AGOSTO

Dios te creó

Tú hiciste todo mi ser… desde que me hiciste tomar forma en el vientre de mi madre.

Salmos 139:13 PDT

Dios creó cada parte de ti, y Él no comete errores. Él escogió el color de tu cabello, de tus ojos y de tu piel. Escogió la forma de tu cara. Te creó con mucho amor.

Dios no quiere que seas igual que otra persona. Él te creó tal cual eres. Él ama cada parte de ti, y eso te hace especial.

Querido Dios, gracias por hacerme especial. Amén.

¿Qué te hace diferente a los demás?

17 DE AGOSTO

Toma buenas decisiones

La sabiduría que viene del cielo es,
ante todo, pura.
SANTIAGO 3:17 PDT

La sabiduría es saber lo que es correcto y hacerlo. No es bueno hacer las cosas a escondidas o intentar siempre salirte con la tuya. Sé amable. Mantente tranquila. Lleva paz a las discusiones. La sabiduría ayuda a los demás.

Cuando no sabes si lo que estás haciendo es sabio o no, pregúntate a ti misma si eso demuestra amor, si ayuda a otros, o si da paz. También puedes preguntarle a Dios.

Querido Dios, ayúdame a tomar buenas decisiones. Quiero ser sabia. Amén.

¿Cómo puedes saber lo que es sabio?

18 DE AGOSTO

Tu parte

Recuérdales a los creyentes que se sometan al gobierno y a sus funcionarios.

TITO 3:1 NTV

Hay personas a las que debes escuchar. Tus padres quieren lo mejor para ti. Tus maestros quieren ayudarte a aprender. Tu cuidadora quiere mantenerte a salvo.

Dios quiere que escuches a las personas que te cuidan, aunque no entiendas o estés de acuerdo con la forma en la que alguien está liderando. Debes estar lista para hacer lo que es bueno.

Querido Dios, ayúdame a respetar a mis líderes. Amén.

¿Cómo puedes tratar a los adultos con respeto?

Espera con esperanza

Cobra ánimo y ármate de valor,
¡pon tu esperanza en el Señor!
Salmos 27:14 NVI

Carolina le pidió a su mamá que le ayudara a tejer unas manoplas. Su mamá tenía que terminar primero su trabajo, pero dijo que le ayudaría al día siguiente. Carolina no quería esperar, pero sabía que no faltaba mucho para mañana.

Dios te pedirá también a veces que esperes. Esperar puede ser difícil, pero puedes hacerlo. Dios sabe lo que es mejor. Él te pide que esperes por una razón. Confía en Él y sé paciente.

Querido Dios, gracias por saber lo que es mejor para mí. Amén.

¿Cómo puedes esperar con paciencia?

20 DE AGOSTO

No te quedes callada

¿Quién me ayudó a luchar contra los perversos?
¿Quién estuvo a mi lado para luchar
contra los que hacen el mal?

Salmos 94:16 PDT

En el receso, Silvia vio a un niño que estaba siendo cruel con su amigo Tito. Silvia le dijo al niño que parara, pero él seguía molestándolo. Silvia fue a pedirle ayuda a la maestra.

Es bueno defender lo que es correcto. Cuando veas a alguien siendo cruel, puedes decir: «Eso no está bien». Y puedes pedirle ayuda a un adulto si lo necesitas.

Querido Jesús, ayúdame a defender lo que es correcto. Amén.

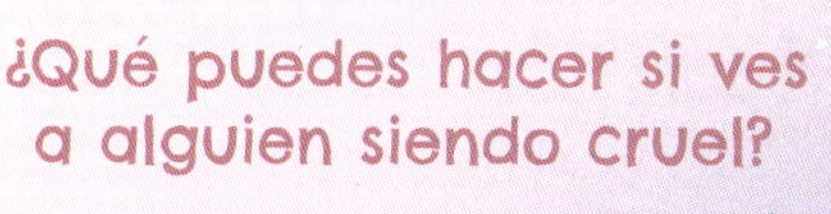

21 DE AGOSTO

Da gracias

La gente de todo el mundo…
se maravilla con tus obras.

Salmos 65:8 PDT

Cuando veas una puesta de sol hermosa, piensa en Dios. Si ves a un animal hacer algo adorable o chistoso, dale las gracias a Dios.

Las maravillas de Dios están en todas partes. Si las buscas, las encontrarás. Tómate un tiempo para mirar hoy a tu alrededor. ¿Qué es genial? ¿Qué es interesante? ¿Qué es precioso? ¡Dios es asombroso!

Querido Dios, gracias por todo lo que has creado. Amén.

¿Qué cosa maravillosa ves ahora mismo?

22 DE AGOSTO

Importa

Padre de los huérfanos, defensor de las viudas...
Dios ubica a los solitarios en familias.

Salmos 68:5-6 NTV

A Dios le gusta cuidar a las personas en las que nadie más se fija: las solitarias y tristes. Él siempre está cerca como el aire que te rodea. No puedes ver el aire, pero lo sientes y sabes que está ahí.

Puedes amar a Dios amando a las personas de la misma forma que Él lo hace. La bondad puede hacer que los demás se sientan cuidados. Todo el mundo quiere ser amado.

Querido Dios, gracias por cuidar bien de todas las personas. Amén.

¿Puedes visitar a alguien que está solo?

23 DE AGOSTO

Palabras sencillas

No [dejes] que el mundo te corrompa.

Santiago 1:27 NTV

Dios hace las cosas sencillas. Dice que amemos a las personas y no hagamos las cosas malas que otras personas en el mundo hacen.

Si cumples todas las normas, pero no eres amable, te estarás perdiendo lo que Dios quiere que hagas. Lo que hay en tu corazón importa. Cómo tratas a los demás importa.

Querido Dios, ayúdame a seguir viviendo para ti. Amén.

¿Cómo puedes mantenerte pura?

24 DE AGOSTO

El mismo Jesús

Todos los creyentes se dedicaban a las enseñanzas de los apóstoles.

Hechos 2:42 NTV

A María y Daisy les gustaba buscar formas en las nubes. María vio una nube que parecía un pájaro. Daisy pensaba que parecía un dragón. A veces, las personas ven la misma cosa de manera diferente.

Tú sigues a Jesús igual que hacen otras personas, pero Él hace cosas diferentes para cada uno. Pídele a tu familia que te diga lo que Dios ha hecho por ellos.

Querido Dios, gracias porque puedo aprender de aquellos que me rodean. Amén.

¿Qué te enseñan los demás acerca de Jesús?

25 DE AGOSTO

Cortesía

La paciencia vence toda resistencia.
La cortesía vence toda oposición.

Proverbios 25:15 TLA

Pamela y Ana estaban jugando. A Pamela no le gustaba cómo estaba jugando Ana. Las niñas comenzaron a discutir y a gritarse. Ninguna de las dos se callaba para escuchar.

Cuando estás enojada y necesitas hablar con alguien, gritar no ayuda. La cortesía, o amabilidad, es mucho mejor. Es mucho más poderoso decir la verdad con calma.

Querido Dios, ayúdame a hablar a los demás con cortesía. Amén.

¿Cuál es una buena decisión que puedes tomar cuando estás enojada?

26 DE AGOSTO

Tu ayuda

Mi ayuda viene de Dios,
creador del cielo y de la tierra.
SALMOS 121:2 TLA

¿A quién le pides ayuda cuando estás en problemas? Dios debería ser el primero. Puedes orar y pedirle cuando necesites ayuda. Él siempre está ahí, aunque te sientas sola.

Dios creó el cielo y la tierra con solo unas pocas palabras. Él puede ayudarte con cualquier cosa, sea grande o pequeña. A él le gusta ayudarte. Está esperando que se lo pidas.

Querido Dios, gracias porque siempre sabes qué hacer. Amén.

¿Es Dios la primera persona con la que hablas cuando necesitas ayuda?

27 DE AGOSTO

Cada mañana

Dios nos tiene compasión… cada mañana
se renuevan su gran amor y su fidelidad.

Lamentaciones 3:22-23 TLA

Sandra se fue a la cama sintiéndose mal por el día que había vivido. La escuela había sido difícil. Su hermana se había enojado con ella. Mañana sería un nuevo día, así que le dio gracias a Dios y se fue a dormir.

Cada mañana es una nueva oportunidad. Puedes hablar con Dios sobre las cosas difíciles y pedirle ayuda. Él te ama mucho. Está ahí para ti en todos los momentos de tu día, desde la mañana hasta la noche.

Querido Dios, gracias por una nueva oportunidad cada mañana. Amén.

¿Cómo puedes comenzar cada día con Dios?

Fe y sueños

Fue por la fe que Abraham obedeció
cuando Dios lo llamó para que dejara su tierra
y fuera a otra que él le daría por herencia.

HEBREOS 11:8 NVI

Abraham dejó su casa y obedeció a Dios porque tenía fe. Eso es lo que Dios quiere que hagas tú también. Escuchar, obedecer, y seguir a Dios cada día.

¿Tienes algún sueño grande en tu corazón? No pasa nada porque sea diferente a lo que otros están haciendo. Puedes pedirle a Dios que te dé un sueño en el que puedas creer. A Él le gusta guiar a sus hijos.

Querido Dios, ayúdame a confiar en que tú tienes un plan bueno para mi vida. Amén.

¿Cuál es tu gran sueño?

Fe

Nadie puede agradar a Dios si no tiene fe.

Hebreos 11:6 PDT

La fe es creer en Dios pase lo que pase. Dios quiere que conozcas su amor. Pídele que hable a tu corazón. Lee tu Biblia. Ora a Él.

Creer en Dios es esperar que Él actúe en tu vida. Quiere que tú sepas cómo es Él. Pídele a Dios que haga que tu fe sea fuerte.

Querido Dios, quiero creer en ti con todo mi corazón. Amén.

¿Qué crees acerca de Dios?

Escucha

Hijo mío, escúchame y haz lo que te digo,
y tendrás una buena y larga vida.
Proverbios 4:10 NTV

¿Se te da bien escuchar? No pasa nada por querer hacer las cosas sola. También es bueno saber que necesitarás ayuda para aprender cosas que no sabes.

Como los maestros y los padres, Dios sabe más que tú. Cuando le escuchas y haces las cosas que Él dice, todo te irá mejor. Hasta los adultos necesitan escuchar a Dios.

Querido Dios, ayúdame a escucharte y hacer lo que dices. Amén.

¿A quién necesitas escuchar?

Juntos

«Porque donde se reúnen dos o tres en mi nombre, yo estoy allí en medio de ellos».

Mateo 18:20 PDT

A los padres les encanta cuando sus hijos se llevan bien. Cuando los niños son amables los unos con los otros, eso da alegría. Dios es así también con sus hijos. A Él le encanta cuando te juntas con los demás y hablas de Él.

Dios promete estar cerca cuando oras con otras personas. Orar juntos puede recordarte que no estás sola.

Querido Dios, gracias por la familia y los amigos que me aman. Amén.

¿Con quién puedes orar?

Septiembre

Sean valientes. Sean fuertes.
Y hagan todo con amor.

1 Corintios 16:13-14 NTV

Sentimientos de culpa

El malvado huye, aunque nadie lo persiga;
pero el justo vive confiado como un león.

PROVERBIOS 28:1 NVI

Martita estaba sola en la cocina. En silencio, abrió el bote de las galletas justo cuando entró su papá. Martita sabía que no debería estar comiendo galletas a escondidas. Se sentía culpable.

La culpa te hace sentir nerviosa. Te hace sentir mal hasta que dices la verdad. Cuando hagas algo mal, sé valiente y di la verdad. Dios te perdonará.

Querido Dios, ayúdame a decir la verdad para poder deshacerme de la culpa. Amén.

¿Qué puedes hacer cuando te sientas culpable?

2 DE SEPTIEMBRE

Riqueza y sabiduría

¡Qué grande es la riqueza, la sabiduría
y el conocimiento de Dios!
ROMANOS 11:33 NTV

Anita sentía cómo el sol calentaba su cara. En la noche, podía ver gracias a la luz de la luna. La luna y el sol hacen muchas cosas por la tierra. Anita sabía que eran importantes y buenas.

La sabiduría de Dios es más grande que la de cualquier persona. Lo que Él hace es importante. Puedes confiar en que Dios está haciendo cosas más grandes que las que tú ves. ¡Lo que Él hace es bueno!

Querido Dios, ayúdame a confiar en lo que estás haciendo cuando no lo puedo ver. Amén.

¿Qué cosas buenas sabes de Dios?

Fuerte y valiente

«Yo estaré contigo como estuve con Moisés.
No te fallaré ni te abandonaré.
Sé fuerte y valiente».

JOSUÉ 1:5-6 NTV

Dios le pidió a Moisés que hiciera cosas valientes como dejar su casa, hablar con un líder enojado, y hacer milagros. Moisés tenía miedo, pero Dios prometió estar con él. Después le prometió a Josué que estaría con él cuando le pidió que hiciera cosas valientes.

¡Dios estará contigo también! Aunque algo parezca una locura y dé miedo, puedes confiar en Dios. Él te dará lo que necesitas. Sé valiente y obedece a un Dios asombroso.

Querido Dios, ayúdame a ser valiente y hacer lo que me pidas. Amén.

¿Cuándo fue la última vez que fuiste valiente?

4 DE SEPTIEMBRE

Dios descansó

Cuando llegó el séptimo día, Dios ya había terminado su obra de creación, y descansó de toda su labor.

GÉNESIS 2:2 NTV

¿Alguna vez descansaste y te sentiste mucho mejor? Tu cuerpo necesita descansos, y tu mente también. Es bueno que descanses cuando te sientas cansada. Dios también descansó después de terminar su labor.

Dios te creó para necesitar descanso. Si no paras, te cansarás. Tus emociones también se pueden cansar. Baja el ritmo, respira hondo, y haz algo tranquilo. El descanso es bueno para ti.

Querido Dios, ayúdame a aprender de tu ejemplo y dale a mi cuerpo el descanso que necesita. Amén.

¿Cómo puedes descansar tu cuerpo y tu mente?

5 DE SEPTIEMBRE

De tu parte

¿Qué diremos frente a esto? Si Dios está de nuestra parte, ¿quién puede estar en contra nuestra?

Romanos 8:31 NVI

No hay nada demasiado difícil que Dios no pueda manejar. Cuando tengas un problema, Dios puede ocuparse de él. Él está de tu parte. Lo único que tienes que hacer es pedirle que te ayude.

No hay nadie más grande que Dios. No hay problema demasiado grande para Dios. A Él le gusta cuidarte. No tienes que tener miedo si Dios está de tu parte.

Querido Dios, tú estás de mi parte. Gracias por ayudarme. Amén.

¿Hay algún problema en el que necesites la ayuda de Dios?

Esplendor y majestad

Hay esplendor y majestad ante su presencia;
poder y alegría en su templo santo.
I Crónicas 16:27 PDT

Esplendor y *majestad* son palabras que la Biblia usa para hablar de Dios. *Esplendor* significa belleza increíble, como una puesta de sol gloriosa. *Majestad* significa algo grande e impresionante, como una montaña.

La Biblia dice que Dios tiene esplendor y majestad. Él es más hermoso de lo que puedas imaginar. Es más grande y más fuerte de lo que crees. ¡Él es un Dios asombroso!

Querido Dios, gracias por tu esplendor y majestad. Amén.

¿Qué cosas te hacen pensar en Dios?

7 DE SEPTIEMBRE

La regla de oro

«Haz a los demás todo lo que quieras que te hagan a ti».

MATEO 7:12 NTV

Cuando cometes un error, ¿cómo quieres que los demás te traten? Seguro que quieres que te amen y te perdonen. Una buena amiga piensa en cómo se sienten los demás.

A Jesús se le daba muy bien esto. Él era amable y paciente. No creía que era más importante que los demás. Sé como Jesús.

Querido Dios, por favor recuérdame pensar en cómo se sienten los demás. Amén.

¿Qué puedes hacer para que hoy alguien se sienta amado?

8 DE SEPTIEMBRE

Dios es fuerte

Entrégale tus cargas al Señor,
y él cuidará de ti.
Salmos 55:22 NTV

Isabel fue a pasear con su papá. Le dio calor, así que se quitó su chaqueta y le pidió a su papá que la llevara. Poco después sintió pesado cargar su botella, así que su papá también la llevó. Él era fuerte y le encantaba ayudar.

Así es Dios. Él puede llevar las cargas que pesan en tu corazón. Puede tomar tu temor y darte paz en su lugar.

Querido Dios, gracias por ayudarme con mis preocupaciones. Amén.

¿Qué preocupación puedes entregarle a Dios?

9 DE SEPTIEMBRE

Ama como Dios ama

Ya que Dios nos amó tanto, sin duda nosotros
también debemos amarnos unos a otros.

1 Juan 4:11 NTV

A Valeria le gustaban mucho las muñecas. Jugaba con ellas todos los días. La mamá de Valeria tenía una muñeca con la que solía jugar cuando era pequeña. Era muy especial. Decidió dársela a Valeria. Eso hizo que Valeria se sintiera muy amada.

Eso es como lo que Dios hizo por ti. Dios entregó a su único Hijo, Jesús, para que muriera por tus pecados y pudieras ser perdonada. Él te ama tanto que dio lo que era más especial para Él.

Querido Dios, gracias por amarme tanto. Amén.

¿Cómo puedes compartir el amor de Dios con otros?

10 DE SEPTIEMBRE

Secretos

Dios… conoce los secretos de cada corazón.

SALMOS 44:21 NTV

Guardar un secreto puede ser una carga pesada. Es mejor compartir tu secreto con personas en las que confías. Tal vez te dé miedo, pero es bueno compartir aquello que te molesta.

No puedes esconder nada de Dios. Él ve todos los secretos y te ama pase lo que pase. No tienes que tener miedo. Él ya lo sabe.

Querido Dios, gracias por conocer mis secretos y amarme a pesar de ello. Amén.

¿Hay algún secreto que necesitas compartir?

Dios puede ayudar

El Señor es el Dios eterno,
el Creador de toda la tierra.

Isaías 40:28 NTV

¿Sabías que Dios ha existido desde siempre? Él creó todo lo que ves. Nunca se cansa, y sabe más que cualquier persona en todo el mundo.

Cuando tengas preguntas, hácelas a Dios. Cuando estés en problemas, habla con Él. Pídele ayuda. Él ve todo lo que te ocurre, y siempre sabe qué es lo mejor.

Querido Dios, gracias porque lo sabes todo. Amén.

¿A quién puedes acudir cuando no sabes qué hacer?

Obra en progreso

Dios empezó una buena obra entre ustedes
y la continuará hasta completarla
el día en que Jesucristo regrese.

FILIPENSES 1:6 PDT

Olivia estaba haciendo una casa de cartón. La recortó y la pintó, pero no se veía como ella quería. Siguió trabajando en ella. Cuando terminó, se alegró de haber seguido y no haberse rendido.

Dios sigue trabajando en todas las personas. Esto significa que nadie es perfecto. Dios sabe que estás aprendiendo y creciendo, y te ama.

Querido Dios, gracias por no rendirte conmigo. Amén.

¿Qué está trabajando Dios en ti?

Jesús ve

«Yo sé todo lo que haces; he visto tu amor, tu fe, tu servicio y tu paciencia».

APOCALIPSIS 2:19 NTV

Nina se esforzaba mucho en su clase. Se aseguraba de que su pupitre estuviera limpio y jugaba amablemente con todos los niños. Su maestra le dio un premio por ser una buena ayudante en clase.

Nina no sabía que la maestra estaba observando lo que hacía. Ella hizo lo que pensaba que era correcto. Jesús te está observando a ti también. Está orgulloso de ti cuando haces cosas buenas.

Querido Jesús, gracias por verme y amarme. Amén.

¿Qué te alegra que Dios vea de ti?

14 DE SEPTIEMBRE

Planes buenos

«Yo conozco los planes que tengo para ustedes —afirma el Señor—».

Jeremías 29:11 NVI

Dios te creó. Incluso antes de que nacieras, Dios podía verte crecer. Él tiene planes buenos para ti. Te creó para hacer cosas buenas y sabe lo que es mejor.

¿Confías en tus padres para que hagan planes buenos para ti? Puedes pedirle a Dios que te muestre sus planes buenos. Él podría darte un sueño y mostrarte cosas emocionantes.

Querido Dios, gracias por planear cosas buenas para mí. Amén.

¿Qué sueños tienes para tu futuro?

15 DE SEPTIEMBRE

Alabaré al SEÑOR en todo tiempo;
a cada momento pronunciaré sus alabanzas.

SALMOS 34:1-2 NTV

Para cada problema hay una solución. Cuando estás cansada, descansas. Cuando tienes hambre, comes. Cuando hay un problema en tu corazón, puedes hablar con Dios y contárselo.

Cuando alabas a Dios, tu corazón se siente mejor. Puedes pasar de estar enojada a tener paz, o de tener miedo a ser valiente. Siempre hay una razón para darle gracias a Dios. Busca cosas por las que puedas darle gracias.

Querido Dios, gracias por cambiar mi corazón cuando te alabo. Amén.

¿Por qué estás agradecida ahora mismo?

A tu alrededor

Ciertamente ustedes han visto con sus propios ojos todas las maravillas que el Señor ha hecho.

Deuteronomio 11:7 NVI

Julia iba en el auto con su mamá. Comenzó a pensar en la escuela y ni siquiera se fijó en el hermoso arcoíris que había en el cielo hasta que su mamá le dijo que mirara hacia arriba.

Cuando prestas atención a lo que hay a tu alrededor, verás cosas hermosas. Si miras con atención, verás a Dios en muchas cosas a tu alrededor.

Querido Dios, ayúdame a ver lo que estás haciendo. No me lo quiero perder. Amén.

¿Qué cosas ves que Dios está haciendo a tu alrededor?

17 DE SEPTIEMBRE

El regalo de una sonrisa

El corazón contento alegra el rostro.

Proverbios 15:13 NTV

Una sonrisa es la forma que tiene tu cuerpo de mostrar que estás contenta. Cuando alguien te sonríe, eso puede hacerte a ti también estar contenta. Piensa en lo que hace sonreír a tu mamá o tu papá.

Cuando conoces a alguien nuevo, una sonrisa puede transmitir que eres amigable. Puede animar a alguien que está teniendo un mal día. Una sonrisa es un regalo fácil de dar.

Querido Dios, gracias por las cosas que me hacen sonreír. Amén.

¿Qué te hace sonreír?

18 DE SEPTIEMBRE

Comparte la noticia

«Vayan por todos los países del mundo
y anuncien las buenas noticias a todo el mundo».

MARCOS 16:15 TLA

La mamá de Rut le dijo que iba a tener un bebé. ¡Rut estaba muy emocionada por ser una hermana mayor! Rut preguntó si podía compartir esa buena noticia con todas las personas que conocía.

Cuando tienes buenas noticias, es difícil no decírselo a nadie. El amor de Jesús es una buena noticia que compartir con todos. Él quita tu pecado y te ama más que nadie.

Querido Dios, gracias por la buena noticia de Jesús. Ayúdame a compartirla con los demás. Amén.

¿Qué puedes compartir con otros?

19 DE SEPTIEMBRE

Búsqueda del tesoro

Te daré riquezas depositadas en lo oculto
y tesoros escondidos en sitios secretos.

Isaías 45:3 PDT

¿Alguna vez has hecho una búsqueda del tesoro? Los piratas y los exploradores pasaban mucho tiempo buscando tesoros escondidos. Imagina encontrar cajas llenas de oro, plata y joyas. ¡Serías rica!

Dios promete darte tesoros cuando los busques. Este tesoro vale más que la plata y el oro. Cuando sigues a Dios y lo buscas, Él te dará cosas buenas.

Querido Dios, tú tienes cosas buenas que darme. Amén.

¿Qué cosas buenas te da Dios?

20 DE SEPTIEMBRE

Mira a Jesús

—Ven —dijo Jesús. Pedro bajó de la barca
y caminó sobre el agua en dirección a Jesús.
Mateo 14:29 NVI

Jesús le dijo a Pedro que saliera de la barca y caminara sobre el agua. Cuando Pedro miró a Jesús, sus pies se mantuvieron sobre el agua. Cuando miró hacia abajo, tuvo miedo y comenzó a hundirse.

Cuando te enfocas en Jesús, puedes estar confiada. Cuando te preocupas y te distraes, sientes temor. Sigue mirando a Jesús para que puedas ser valiente.

Querido Dios, quiero ser valiente y mirarte a ti. Amén.

¿Qué puedes hacer para seguir mirando a Jesús?

21 DE SEPTIEMBRE

Débil y fuerte

«Cuando eres débil, mi poder se hace más fuerte en ti».

2 Corintios 12:9 PDT

Julia se despertó sintiéndose enferma. Su mamá le llevó el desayuno a la cama. Julia se sentía muy cansada y durmió mucho ese día. Su mamá cuidó muy bien de ella hasta que se sintió mejor.

Cuando estás débil y necesitas ayuda, Dios te cuidará. Nadie se siente fuerte todos los días. Dios dice que, cuando te sientas débil, puedes pedirle su poder para que te haga fuerte.

Querido Dios, cuando me sienta débil, ayúdame a acudir a ti. Amén.

¿Necesitas el poder de Dios ahora mismo para ayudarte a ser fuerte?

Diferentes y hermosos

…gente de todas las naciones, familias, razas y lenguas.

APOCALIPSIS 7:9 PDT

Las personas son de todo tipo de tallas y colores de piel. Ninguno es mejor que otro. Dios hizo a cada persona diferente. Eres especial para Dios sin importar cuál sea tu aspecto.

Un día, todos adorarán a Dios juntos. No importará el idioma que hables. Dios ama a todas las personas hermosas que creó. Él quiere que tú también ames a todos.

Querido Dios, gracias por hacer a las personas diferentes y hermosas. Amén.

¿En qué cosas eres diferente a tus amigas?

23 DE SEPTIEMBRE

En control

«Mis caminos y mis pensamientos
son más altos que los de ustedes».

Isaías 55:9 NVI

Dios hizo el universo y todo lo que hay en él, incluyéndote a ti. Él lo sabe todo sobre el mundo y sobre ti, y es más sabio que nadie.

Pase lo que pase, Dios está en control. Si las cosas no van como tú quieres, no te molestes. Si ocurre algo que te da miedo, no tengas temor. Dios sigue en control.

Querido Dios, gracias por estar en control. Ayúdame a confiar en ti. Amén.

¿De qué cosa te alegras porque Dios está en control?

24 DE SEPTIEMBRE

Trabaja duro

El perezoso desea, pero no consigue;
el que trabaja duro logra lo que quiere.

PROVERBIOS 13:4 PDT

Hay una diferencia entre descansar y ser perezosa. Necesitas hacer pausas en el trabajo para que tu cuerpo y tu mente puedan descansar. Ser perezosa significa que no quieres trabajar en absoluto. Incluso a tu edad, puedes practicar trabajando sin quejarte. Cuando tu mamá te pida que hagas limpieza, hazlo lo mejor que puedas y termina todo.

Querido Dios, ayúdame a trabajar duro siempre sin quejarme. Amén.

¿En qué puedes trabajar duro hoy?

25 DE SEPTIEMBRE

La luz de Jesús

«Que haya luz en la oscuridad».

2 Corintios 4:6 NTV

Sara entró en la casa. Estaba oscuro, así que ella prendió la luz. Ahora podía ver todo lo que había en la habitación. Cuando Jesús entra en tu corazón, Él lo llena de luz.

La luz de Dios brilla cuando vives como Él. Puede traer consuelo a un corazón triste y esperanza donde hay temor. Haz brillar la luz de Dios dondequiera que vayas.

Querido Dios, gracias por tu luz.
Quiero vivir en ella. Amén.

¿Te sientes mejor cuando hay luz?

Alabanza y gratitud

Alabe al Señor todo lo que él ha creado,
todo lo que hay en su reino.

Salmos 103:22 NTV

Piensa en cuán bueno es Dios. Todo lo que se te ocurra es una razón para alabarlo. Puedes darle gracias a Dios por todas las cosas buenas que hay en tu vida. Cuando le das gracias, lo alabas.

Puedes encontrar cosas buenas dondequiera que estés. En la escuela tienes maestros sabios. En la casa tienes una familia que te ama. En la iglesia tienes amigos. ¡Alaba al Señor!

Querido Dios, gracias por todo lo que has creado. Muéstrame cada día todo lo que haces. Amén.

¿Por qué estás agradecida hoy?

27 DE SEPTIEMBRE

Nunca estás sola

«Enséñenles a obedecer todo lo que yo les he enseñado. Yo estaré siempre con ustedes, hasta el fin del mundo».

MATEO 28:20 TLA

¿Alguna vez te has sentido sola? Tal vez despertaste a medianoche y eras la única persona despierta. Quizá llegaste a tu casa y no había nadie. Eso puede dar miedo.

Recuerda lo que Jesús promete a aquellos que lo obedecen. Él siempre está contigo. Ora y pídele que haga que tu corazón se sienta mejor. Él lo hará.

Querido Jesús, gracias por estar siempre conmigo. Me siento amada cuando tú estás cerca. Amén.

¿Cómo te hace sentir saber que Dios está contigo?

28 DE SEPTIEMBRE

Sé sincera

El Señor detesta los labios mentirosos,
pero se deleita en los que dicen la verdad.
Proverbios 12:22 NTV

Lo mejor es decir siempre la verdad, aunque sea difícil. Las personas sabrán que pueden confiar en ti y que lo que digas será cierto. Te sentirás mejor cuando digas la verdad y no una mentira.

Si sigues mintiendo, la gente no creerá lo que dices. Decir la verdad es la mejor decisión. Si te resulta difícil, pídele a Dios que te ayude a decir la verdad.

Querido Dios, quiero decir la verdad.
Amén.

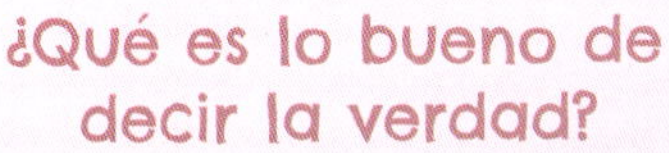
¿Qué es lo bueno de decir la verdad?

29 DE SEPTIEMBRE

Reprensión

Más vale ser reprendido con franqueza
que ser amado en secreto.

Proverbios 27:5

¡A Catalina le gustaban mucho los dulces! Los agarró de la cocina a escondidas y los ocultó en su mochila. La mamá de Catalina encontró los dulces y le advirtió que no es bueno esconder las cosas.

Todo el mundo necesita represión o advertencias a veces. Ser reprendida te ayuda a tomar mejores decisiones. No te enojes si alguien te corrige. Es por tu bien.

Querido Dios, gracias las personas que me ayudan a aprender lo que está bien y mal. Amén.

¿Dejas que las personas te corrijan?

30 DE SEPTIEMBRE

En la mañana

Me despierta todas las mañanas,
para que reciba sus enseñanzas
como todo buen discípulo.

Isaías 50:4 TLA

Cada mañana, Elsa se levantaba y miraba por la ventana. Le gustaba ver cómo las hojas cambiaban de color en el otoño. Lo esperaba con ansias.

Cuando te levantes cada mañana, pídele a Dios que te muestre lo que tiene para ti. Cada día será diferente. Invita a Dios a tu día y escucha cuando Él te enseñe algo nuevo.

Querido Dios, gracias por cada nueva mañana. Muéstrame lo que tienes para mí hoy. Amén.

¿Te tomas el tiempo de pensar en Dios en la mañana?

Octubre

Dios nuestro,
¡muéstranos tu bondad,
y bendice nuestro trabajo!

Salmos 90:17 TLA

Oportunidades para crecer

Alégrense cuando tengan que enfrentar diversas dificultades.

Santiago 1:2 PDT

En la vida pasan cosas difíciles. Podrías perder tu juguete favorito. Tal vez una buena amiga se marcha lejos. Tal vez el mal tiempo cambia tus planes. No pasa nada por estar triste.

La Biblia dice que las cosas difíciles te dan una oportunidad para crecer. Aun así, puedes encontrar razones para ser feliz. Jesús puede ayudarte a crecer en medio de las dificultades.

Querido Dios, gracias por ayudarme cuando pasan cosas difíciles. Amén.

¿Cómo puedes crecer en los momentos difíciles?

2 DE OCTUBRE

Paz para dormir

En paz me acostaré y dormiré,
porque solo tú, oh Señor, me mantendrás a salvo.

Salmos 4:8 NTV

Ana se despertó a medianoche. Tuvo una pesadilla que le asustó mucho. La noche siguiente, Ana tenía miedo a la hora de irse a la cama. Su mamá oró con ella y leyeron la Biblia.

Dios promete que puedes acostarte y dormir en paz. Él te protegerá y te mantendrá a salvo. Cuando tengas miedo, recuerda que puedes pedir la paz de Dios para dormir.

Querido Dios, cuando tenga miedo,
por favor dame paz. Amén.

¿De qué le puedes hablar a Dios esta noche?

3 DE OCTUBRE

Dios aplasta tus pecados

¡Aplastarás nuestros pecados bajo tus pies
y los arrojarás a las profundidades del océano!
MIQUEAS 7:19 NTV

A Carina le gustaba ver cuando las hojas se volvían de colores hermosos y cubrían el suelo. Le gustaba el sonido de las hojas crujiendo mientras caminaba. Le divertía mucho saltar en las grandes montañas de hojas del jardín.

Dios tomó tus pecados, los rompió en pequeños pedazos, y los esparció como todas esas hojas. Gracias a Dios por su maravilloso perdón.

Querido Dios, gracias por aplastar mis pecados como las hojas del otoño. Amén.

¿Le has pedido a Dios
que te perdone?

4 DE OCTUBRE

Haz que Dios esté orgulloso

Vivan como hijos que pertenecen a la luz.
Traten de aprender qué es lo que agrada al Señor.

Efesios 5:8, 10 PDT

Susi jugaba al fútbol. Ella se esforzaba en los entrenamientos, les pasaba la pelota a sus compañeras, y las animaba. Cuando su entrenador dijo: «¡Buen trabajo, Susi!», ella se sintió orgullosa de sí misma.

Dios se da cuenta cuando eres amable con tu hermano o tu hermana. Él ve cuando escuchas a tu mamá y tu papá. A Él le gusta cuando perdonas a tus amigos. Haz las cosas que hacen que Dios esté orgulloso.

Querido Dios, gracias por mostrarme cómo vivir. Amén.

¿Cómo puedes hacer para que Dios esté orgulloso de ti?

5 DE OCTUBRE

Buenos amigos

«Las malas compañías corrompen el buen carácter».

I Corintios 15:33 NTV

Ariel conoció a nuevas amigas en la escuela. Ellas decían y hacían cosas que ella sabía que no estaban bien, pero comenzó a copiarlas. No le gustaba cómo le hacía sentir eso. Debía haber tenido más cuidado a la hora de escoger buenas amigas.

Es bueno tener amigos que toman buenas decisiones. Tú también deberías ser una buena amiga. Usa palabras amables, piensa en los demás, y muéstrales que el camino de Dios es el camino correcto.

Querido Dios, ayúdame a ser una buena amiga. Ayúdame también a escoger buenos amigos. Amén.

¿Qué tipo de amigos tienes?

6 DE OCTUBRE

Palabras amables

Anímense y fortalézcanse unos a otros,
así como lo están haciendo ahora.

1 Tesalonicenses 5:11 PDT

¿Sabes cómo animar a alguien? Tus palabras pueden hacer más fuerte a las personas. ¡Puedes ayudar a otros deseándoles lo mejor o animándolos!

Puedes decirle a tu mamá que te gustó mucho la cena. Puedes decirle a una amiga que ha hecho un buen trabajo. Puedes darle un abrazo a tu hermana cuando esté triste. Puedes orar para que tu papá tenga un buen día en el trabajo.

Querido Dios, ayúdame ser amable y animar a otros. Amén.

¿Qué palabras amables puedes decir a las personas que te rodean?

7 DE OCTUBRE

Repasa tus pasos

Pensaré en todas las obras que has realizado;
meditaré en todo eso.
SALMOS 77:12 PDT

Marta y su papá fueron a pasear por el bosque. Prestaron atención a las cosas a su alrededor. Pasaron al lado de un árbol de un color amarillo muy llamativo y después vieron un tronco con setas. Cuando se desviaron del camino, esas dos cosas les ayudaron a encontrar el camino de regreso.

Si alguna vez te sientes perdida con Jesús, recuerda lo que Dios hizo por ti en el pasado. Dios te ayudará a regresar al camino correcto.

Querido Dios, gracias por todas las cosas buenas que has hecho en mi vida. Amén.

¿Qué buenos recuerdos tienes de Dios?

Ama como Dios

«Amen a sus enemigos y oren
por quienes los persiguen».

Mateo 5:44 NVI

Astrid estaba en el parque con su hermana. Un niño más mayor comenzó a burlarse de ellas. Las chicas regresaron a su casa y se lo dijeron a su mamá. Ella dijo que debían orar por ese niño cruel.

Dios no quiere que seas cruel con los demás, aunque ellos sean crueles contigo. Dios quiere que tu corazón esté lleno de amor. Mejor ora por ellos.

Querido Dios, ayúdame orar por las personas cuando sean crueles conmigo. Amén.

¿Qué puedes hacer cuando alguien está siendo cruel?

Tus oraciones

Me arrodillo para orar ante el Padre,
de quien toda familia en el cielo
y en la tierra recibe su verdadero nombre.

Efesios 3:14-15 PDT

La oración es especial. Es nuestra forma de hablar con Dios. Puedes hablar con Él sea lo que sea que estés haciendo y estés donde estés. Él es un padre amoroso.

Puedes hablar con Dios sin importar cómo te sientas. A Él no le asustan tus sentimientos. Aunque estés enojada, triste o frustrada, a Él le importas.

Querido Dios, gracias porque siempre puedo hablar contigo. Amén.

¿Cuántas veces hablas con Dios?

10 DE OCTUBRE

Malas decisiones

En vez de lo bueno que quiero hacer,
hago lo malo que no quiero hacer.

Romanos 7:19 TLA

Alana estaba enojada con su hermano. Él había destruido su castillo. Ella empujó a su hermano y se fue corriendo. Sabía que no era lo correcto, ¡pero estaba muy enojada!

Cuando tomes una mala decisión, pídeles a los demás que te perdonen y admite que lo hiciste mal. También dile a Dios que lo sientes. Él perdonará todos tus errores.

Querido Dios, ayúdame a pedir perdón cuando haga las cosas mal. Amén.

¿Qué puedes hacer cuando tomes una mala decisión?

11 DE OCTUBRE

Busca al Señor

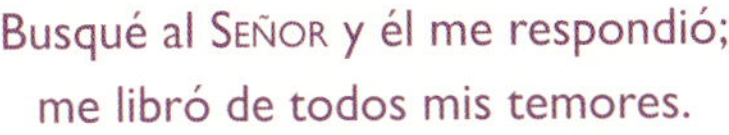

Busqué al Señor y él me respondió;
me libró de todos mis temores.

Salmos 34:4 NVI

A Daniela le estaba resultando difícil aprender la canción nueva que tenía que tocar al piano. Sentía que nunca lo conseguiría. Le pidió a su papá que le ayudara. Cada día, fue mejorando.

Dios siempre te ayudará cuando se lo pidas. No hace falta que hagas todo sola. Él sabe que estás aprendiendo. Pídele ayuda cuando la necesites.

Querido Dios, gracias por estar ahí cuando te necesito. Amén.

¿Pides ayuda cuando
la necesitas?

12 DE OCTUBRE

La voz de Dios

Me di prisa, no me tardé
a obedecer tus mandamientos.
SALMOS 119:60 PDT

Kiara estaba jugando en la calle con sus amigas. Su mamá la llamó: «¡Kiara, es hora de cenar!». Kiara fue a la casa inmediatamente. Conocía la voz de su mamá y obedeció cuando la llamó.

Tú puedes conocer la voz de Dios. Cuanto más tiempo pases con Él, mejor conocerás su voz y con más rapidez podrás obedecer.

Querido Dios, quiero saber cómo suena tu voz para poder seguirte. Amén.

¿Cómo puedes llegar a conocer mejor a Dios?

13 DE OCTUBRE

La voz correcta

«Huirán de él porque no conocen su voz».

Juan 10:5 NTV

Muchas personas te hablan de cosas diferentes. Es importante prestar atención a lo que están diciendo y solo hacer caso a las voces que digan la verdad.

Leer la Biblia te ayuda a saber lo que dice Dios. Ora y pídele a Dios que te ayude a conocer su voz, para que puedas huir de las voces que intentan alejarte de Él.

Querido Dios, quiero conocer tu voz.
Enséñame. Amén.

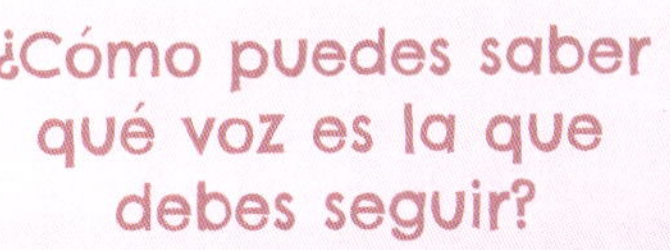

14 DE OCTUBRE

Sentarse juntos

Job tenía tres amigos. Cuando supieron todo lo malo que le había sucedido a Job, se pusieron de acuerdo para ir a consolarlo.

Job 2:11 TLA

Los amigos de Job se sentaron con él durante siete días y siete noches. No intentaron arreglar las cosas; solo le consolaron. A veces, cuando las personas están tristes necesitan más que nunca a sus amigos.

Si quieres ser una buena amiga, puedes estar con las personas cuando están tristes. Dales un abrazo. Dales la mano. Ora con ellos. Dios puede consolar a tus amigos a través de ti.

Querido Dios, ayúdame a ser una buena amiga. Amén.

¿Qué puedes hacer cuando alguien a quien amas está sufriendo?

Mañana

No presumas hoy de lo que piensas hacer mañana;
¡nadie sabe lo que traerá el futuro!

PROVERBIOS 27:1 TLA

Nadie sabe lo que ocurrirá mañana o en el futuro. Tal vez algunas personas creen que saben cómo será, pero cualquier cosa puede suceder.

Dios dice que no presumamos del mañana. Él quiere que te enfoques en lo que estás haciendo hoy. No malgastes el tiempo que tienes hoy pensando solo en el mañana.

Querido Dios, gracias por el día de hoy. Ayúdame a no preocuparme por el mañana. Amén.

¿En qué necesitas pensar hoy?

Pequeños comienzos

No menosprecien estos modestos comienzos.
ZACARÍAS 4:10 NTV

Los grandes sueños comienzan con pequeños pasos. Si quieres montar en bicicleta, debes aprender a tener equilibrio. Si quieres marcar un gol, tienes que aprender a patear el balón.

Los pequeños comienzos podrían no ser muy emocionantes, pero los necesitas. Cada pequeño comienzo es importante para llevarte hasta tu meta. A Dios le gusta enseñarte cosas paso a paso.

Querido Dios, gracias por los pequeños comienzos. Sé que son importantes. Amén.

¿En qué pequeño comienzo estás ahora?

17 DE OCTUBRE

Dar y tomar

«El SEÑOR dio y el SEÑOR quitó.
Alabado sea el nombre del SEÑOR».

JOB 1:21 PDT

A Monse le encantaba el verano. Podía jugar afuera todo el día, nadar, y quedarse despierta hasta más tarde. También le gustaba el invierno porque podía patinar sobre hielo, tirarse en trineo, y hacer muñecos de nieve.

Puedes darle gracias a Dios en todas las estaciones del año. Siempre hay razones para estar agradecidos, sea un buen día o un mal día.

Querido Dios, gracias por las cosas buenas de cada día. Amén.

¿Qué es lo que más te gusta de las diferentes estaciones?

18 DE OCTUBRE

Amor por todas partes

El SEÑOR me muestra su fiel amor todos los días.
Por la noche yo le canto y elevo
una oración al Dios que me dio la vida.

Salmos 42:8 PDT

Los padres de Gabriela la amaban mucho. Su mamá le daba muchos abrazos. Su papá le leía cuentos a la hora de ir a la cama. Ellos trabajaban duro y se aseguraban de que ella tuviera lo que necesitaba.

Dios también muestra su amor de muchas maneras diferentes. Él creó los animales para que puedas disfrutar de ellos. Él envía la lluvia para que crezcan las flores. Te puso en una familia que te ama. Observa su amor en todas partes.

Querido Dios, gracias por todas las maneras en que me amas. Amén.

¿Dónde ves el amor de Dios a tu alrededor?

19 DE OCTUBRE

Cómo agradar

SEÑOR, tú eres mi roca; eres quien me salva.
Deseo que te complazca todo lo que digo y pienso.

Salmos 19:14 PDT

Raquel tenía tareas que hacer cada semana. Doblaba ropa, barría el piso de la cocina, y sacaba la basura. Un día, la mamá de Raquel le pidió que pusiera a funcionar el lavaplatos, pero ella no sabía cómo hacerlo.

La mamá de Raquel le enseñó qué botones pulsar para que supiera hacerlo la próxima vez. Dios te enseña lo que quiere en la Biblia. Cuando haces caso a su Palabra, le agradas.

Querido Dios, gracias por enseñarme a seguirte. Amén.

¿Qué ayuda necesitas para aprender?

20 DE OCTUBRE

Tipos de adoración

Alaba su nombre con danza,
y acompáñala con panderetas y arpas.

SALMOS 149:3 NTV

Hay muchas maneras de adorar a Dios. Puedes aplaudir, cantar canciones, o bailar. Puedes ir a caminar por la naturaleza, sentarte al aire libre y hablar con Dios. La adoración nace de tu corazón.

¿Cómo prestas atención a Dios? ¿Necesitas estar en un lugar tranquilo o pasar tiempo con otras personas cantando? Sea como sea que puedas hacerlo, alaba a Dios.

Querido Dios, me alegra que haya muchas maneras de alabarte. Amén.

¿Cómo puedes adorar a Dios?

21 DE OCTUBRE

Jesús lo entiende

Él fue tentado tal como somos tentados nosotros,
con la única diferencia de que él nunca cometió pecado.

HEBREOS 4:15 PDT

En la Biblia, el sumo sacerdote era la única persona que podía acercarse a Dios hasta que Jesús murió por nuestros pecados. Entonces, Él se convirtió en el sumo sacerdote.

Jesús fue un bebé, después un niño, y después un hombre. Sabe lo que es crecer siendo humano. Sabe cómo te sientes porque Él también lo sintió. Puede enseñarte a vivir de la mejor manera.

Querido Dios, gracias por entenderme. Amén.

¿En qué momentos le pides ayuda a Jesús?

22 DE OCTUBRE

No juzguen

«No juzguen a los demás, y no serán juzgados».
MATEO 7:1 NTV

Juana estaba en la cocina cuando su hermano derramó los cereales por el piso. Él tomó su bol y se fue. Su papá entró y pensó que ella había hecho el desorden. Juzgó antes de saber la historia.

Tú no sabes la historia completa detrás de las decisiones de alguien, pero Dios sí. Tu tarea es amar a las personas. No es tu tarea juzgar si son buenas o malas. Solo Dios puede hacer eso.

Querido Dios, enséñame a amar a las personas y a no juzgarlas. Amén.

¿Alguna vez juzgaste a alguien y te equivocaste?

23 DE OCTUBRE

Él puede hacerlo

Él puede hacer mucho más de lo que jamás podríamos pedir o imaginar.

Efesios 3:20 PDT

Natalia quería dibujar con tiza en el suelo, pero había un auto justo donde ella quería pintar. Pensó en pedirle a su papá que levantara el auto como Superman, pero sabía que eso no era posible.

Dios puede hacer mucho más de lo que crees que es posible. Pídele que haga cosas grandes. Él es muy poderoso. Tus oraciones ayudan a que tu fe sea más fuerte. Sigue pidiendo y orando.

Querido Dios, ¡ayúdame a creer que tú puedes hacer cosas grandes! Amén.

¿Por qué tipo de cosas oras?

24 DE OCTUBRE

Acepta a los demás

Acéptense unos a otros,
tal como Cristo los aceptó a ustedes,
para que Dios reciba la gloria.

Romanos 15:7 NTV

Eliana miró a su alrededor en su salón de clase. Cada niño era diferente por fuera, pero Dios los hizo iguales por dentro. Todo el mundo quiere ser amado, divertirse, y aprender.

Nadie es perfecto. Cuando amamos a los demás, es más fácil perdonar sus errores. Decide amar y recuerda que todos están aprendiendo y creciendo igual que tú.

Querido Dios, enséñame a aceptar y amar a otros. Amén.

¿En qué cosa eres diferente a tus amigos?

25 DE OCTUBRE

Tus dones

Hay diferentes clases de dones espirituales,
pero todos vienen del mismo Espíritu.

1 Corintios 12:4 PDT

Dios da dones a todos sus hijos. A algunas personas se les da bien el arte. Algunas personas son muy chistosas o muy inteligentes. Hay muchos dones, pero ninguno es mejor que otro.

Tú tienes dones especiales que Dios te ha dado. Tal vez te tome tiempo descubrir cómo te ha creado Dios. Él tiene planes diferentes para cada persona, y da diferentes dones para cada plan.

Querido Dios, gracias por los dones que me has dado. Amén.

¿En qué eres buena?

26 DE OCTUBRE

Haz lo correcto

«¿Y qué beneficio obtienes si ganas el mundo entero pero pierdes tu propia alma?».

MARCOS 8:36 NTV

A algunas personas les gusta más tener dinero que hacer lo correcto. Quieren que los demás sepan su nombre más de lo que quieren conocer a Dios. Lo que más les importa es ellos mismos.

Siempre es mejor hacer lo que sabes que es correcto. Puede que las personas que mienten, engañan y roban tengan muchas cosas, pero eso no significa que sus corazones estén contentos. Dios es mejor que las cosas materiales.

Querido Dios, prefiero lo que tú puedes dar que las cosas materiales. Amén.

¿Hacer lo correcto da paz a tu corazón?

27 DE OCTUBRE

Palabras de vida

Las palabras suaves son un árbol de vida.

PROVERBIOS 15:4 NTV

Blanca tenía un árbol grande en su jardín al que le gustaba subirse. Las ardillas corrían por el tronco y los pájaros hacían nidos en sus ramas. El árbol era un lugar de descanso y aventura.

Las palabras suaves son como ese árbol. Pueden hacer que las personas se emocionen. Las palabras amables pueden dar descanso como la sombra en un día caluroso. Habla vida.

Querido Dios, ayúdame a escoger palabras amables y suaves. Amén.

¿Qué puedes decir para ayudar a alguien que está triste?

28 DE OCTUBRE

La grandeza de Dios

Dios truena con su voz en forma maravillosa,
haciendo grandes cosas que no podemos entender.

Job 37:5 PDT

A Dios se le da muy bien hacer cosas maravillosas. Para Él no fue difícil crear la tierra y todas las personas que hay en ella. Hace que parezca fácil hacer cosas difíciles. Para Él es fácil ayudarte.

No podrás entender todo lo que Dios hace, y no pasa nada. Él es fuerte y poderoso. Sabe más que nadie. Puedes confiar en Él cuando las cosas no tienen sentido. ¡Él es grande!

Querido Dios, sé que puedes hacer cosas maravillosas, así que te entrego mis preocupaciones. Amén.

¿Qué cosas grandes
ha hecho Dios por ti?

29 DE OCTUBRE

Tú puedes ayudar

Cuiden a los necesitados que hay en el pueblo de Dios. Busquen y reciban en su casa a los que necesitan ayuda.

Romanos 12:13 PDT

Janet vio a Madelin sentada sola en el receso. Janet fue y se sentó a su lado. Madelin no tenía mucho para almorzar en su bolsa, así que Janet compartió sus galletas con Madelin y habló con ella.

No eres demasiado pequeña para ayudar a otros. Puedes animar a los demás con tus palabras. Puedes compartir tu comida. Puedes dar un abrazo. Cada vez que eres amable, te comportas más como Dios.

Querido Dios, muéstrame cómo puedo compartir y amar como tú. Amén.

¿Qué puedes compartir con alguien?

30 DE OCTUBRE

Practica ser sabia

Tengan cuidado de cómo se comportan.
Vivan como gente que piensa lo que hace,
y no como tontos.
EFESIOS 5:15 TLA

Dios quiere que tomes decisiones buenas y sabias. Ser sabia significa pensar en cómo hacen sentir a los demás tus decisiones. Dios les da sabiduría a las personas que se la piden, así que pídele que te la dé.

Pararse y pensar antes de hacer algo ayuda. Puede ser difícil, pero por eso tienes que practicar. Cuanto más lo hagas, más fácil será.

Querido Dios, ayúdame a parar y pensar antes de tomar decisiones. Amén.

¿Piensas antes de actuar?

Mejores decisiones

¡De nada me sirvió hacer el bien
y evitar los malos pensamientos!
SALMOS 73:13 TLA

Eva estudió mucho para su examen. Se esforzó mucho, pero cometió algunos errores. Otra niña de su clase, Ana, no falló ninguna pregunta. Pero Ana había hecho trampas buscando las respuestas en su libro. No era justo.

Eva había hecho lo correcto. Puede ser difícil ver a otra persona portándose mal y saliéndose con la suya. Dios ve nuestras decisiones, y Él las recompensa. Siempre es mejor hacer lo que es correcto.

Querido Dios, ayúdame a no tener envidia de los demás. Amén.

Cuando las cosas no son justas, ¿sigues creyendo que Dios está en control?

Noviembre

Entrega al Señor
todo lo que haces;
confía en él, y él te ayudará.

Salmos 37:5 NTV

Apoya a los demás

Los fuertes en la fe debemos apoyar a los débiles.

Romanos 15:1 NVI

Noelia tenía que correr una milla en clase de educación física. Era mucho. Al principio se sentía fuerte, pero después se cansó y comenzó a caminar. Una amiga se ofreció para correr con ella y así poder terminar juntas. La amiga de Noelia le mostró apoyo. Hay muchas maneras de apoyar a la gente. Cuando les apoyas, les demuestras que te importan.

Querido Dios, muéstrame cómo apoyar a los que me rodean. Amén.

¿Cómo puedes apoyar a alguien?

2 DE NOVIEMBRE

Voz en la oscuridad

Cuando te desvíes a la izquierda o a la derecha,
oirás una voz detrás de ti diciéndote:
«Por ahí es el camino, sigue por él».

Isaías 30:21 PDT

María se despertó a mitad de la noche. Había una tormenta y las luces no funcionaban. Escuchó a su papá decir su nombre, pero no podía verlo. María caminó siguiendo el sonido de su voz.

No ver por dónde vas puede dar miedo. Es importante escuchar y seguir las instrucciones de Dios. Él puede ver incluso cuando tú no puedes.

Querido Dios, ayúdame a escuchar tu voz y seguir tus instrucciones. Amén.

¿Sabes escuchar la voz de Dios?

3 DE NOVIEMBRE

Espíritu nuevo

Nuestro cuerpo se envejece y se debilita,
pero dentro de nosotros nuestro espíritu
se renueva y fortalece cada día.

2 Corintios 4:16 PDT

Tu espíritu es la parte de tu ser que vive para siempre. Es el lugar donde Jesús vive dentro de ti. Aunque tu cuerpo esté enfermo, tu espíritu puede estar lleno de vida y gozo.

Por muchos años que tengas, tu espíritu sigue siendo joven. Da igual como se sienta tu cuerpo; puedes tener alegría en tu espíritu. Dios renueva tu espíritu cada día.

Querido Dios, gracias por renovarme en el interior. Amén.

¿Le has pedido a Dios
que renueve tu espíritu?

Lista para contar

Estén siempre preparados para responder a todo el que pida razón de la esperanza que hay en ustedes.

1 Pedro 3:15 NVI

Carla amaba a Dios. Era una parte importante de su vida. Ella hablaba con Él a menudo. Leía muchas cosas sobre Él en la Biblia. Le decía a la gente: «Tengo mucho por lo que agradecer a Dios».

Cuando Dios es importante para ti, se notará. Tal vez la gente te pregunte por ello. Debes estar preparada para compartir la esperanza que tienes de manera sencilla y amable.

Querido Dios, ayúdame a estar lista para compartir de ti. Amén.

¿Cómo puedes compartir a Dios con otros?

5 DE NOVIEMBRE

Escondite

Pues tú eres mi escondite;
me proteges de las dificultades.

SALMOS 32:7 NTV

Tina tenía un escondite especial. Cuando quería estar sola, se iba a su cuarto a una esquina que tenía almohadas y mantas donde se sentía segura y cómoda.

Dios puede ser un escondite para ti. Él te protege. Puedes acurrucarte en su presencia igual que Tina se acurrucaba en sus mantas y almohadas.

Querido Dios, gracias por ser un buen escondite. Amén.

6 DE NOVIEMBRE

Sé una ayudadora

Anda y haz tú lo mismo.

Lucas 10:37 TLA

Tamara se cayó del pasamanos y se lastimó el brazo. Un amigo pasó por su lado y no la ayudó. Otra amiga la vio, pero fingió estar ocupada haciendo otra cosa. Finalmente, Lila se detuvo para ver si estaba bien y después corrió a pedir ayuda.

Detenerse y ayudar es lo correcto. ¿Cómo te haría sentir si las personas te ignoraran cuando te hicieras daño? Dios quiere que ayudes a los demás. Sé como Lila.

Querido Dios, por favor enséñame a ser una buena ayudadora para los demás. Amén.

¿Qué haces cuando alguien se lastima?

7 DE NOVIEMBRE

Cuando los malos ganan

No te enojes por causa de los que prosperan,
ni por los que hacen planes malvados.

Salmos 37:7 TLA

Algunas veces, los malos ganan. Hacen trampas, roban, y hacen daño a gente buena. Es difícil cuando las personas hacen cosas malas y se salen con la suya.

La Biblia dice que seamos pacientes cuando eso suceda. Espera en Dios, y Él se encargará de todo. Él hará lo correcto en el momento justo. Confía en Él.

Querido Dios, ayúdame a esperar a que tú actúes. Tú sabes qué es lo mejor. Amén.

¿Cómo puedes practicar ser paciente?

8 DE NOVIEMBRE

Decir gracias

Den gracias al SEÑOR, porque él es bueno;
su fiel amor durará por siempre.

1 CRÓNICAS 16:34 PDT

Es bueno darle a Dios las gracias todos los días. También es bueno dar las gracias a los demás. Cuando dices gracias, demuestras que estás atenta a la forma en que los demás te cuidan.

Tienes muchas razones para darle gracias a Dios. Él es siempre bueno, y su amor por ti durará para siempre.

Querido Dios, gracias por tu amor que nunca se acaba. Amén.

¿A quién más puedes darle las gracias hoy?

9 DE NOVIEMBRE

Tener fe

Lo que se puede ver, sólo dura poco tiempo.
En cambio, lo que no se puede ver, dura para siempre.
2 Corintios 4:18 PDT

Fe es creer en lo que no puedes ver. Cuando sigues a Jesús, tienes que tener fe. No puedes ver a Jesús con tus ojos, pero puedes sentirlo en tu corazón.

Cuando corres, tienes fe en que tus piernas aguantarán. A Dios le muestras tu fe cuando hablas con Él, le pides que te ayude, y hablas a otros de su amor.

Querido Dios, tú eres real, aunque no te vea. Amén.

¿Le has pedido a Dios que te ayude a creer?

10 DE NOVIEMBRE

Aprende de los demás

Estamos rodeados por una enorme multitud de testigos.

Hebreos 12:1 NTV

Michel y su familia se iban de viaje a esquiar. Michel nunca había esquiado. Su mamá y su hermano sí lo habían hecho. Le dijeron cómo era y que le explicarían lo que debía hacer.

No tienes que aprender todo sola. Puedes preguntar a otras personas que han hecho las cosas antes que tú. Padres, maestros, familia y amigos pueden ayudarte en tu fe.

Querido Dios, gracias por cada persona que te sigue. Amén.

¿De quién puedes aprender algo hoy?

Joven e importante

No permitas que nadie te desprecie por ser joven.

1 Timoteo 4:12 TLA

Fiona era la más pequeña de su familia. Era divertida y le gustaba hacer reír a la gente. No podía hacer algunas de las cosas que sus hermanas mayores sí podían hacer, pero siempre podía ser ella misma.

Los niños pueden hacer cosas importantes. No importa la edad que tengas. Puedes ser chistosa a cualquier edad. Puedes ser amable a cualquier edad. Dios tiene planes para ti para ahora mismo y también para cuando seas mayor.

Querido Dios, me alegra mucho que la edad no importe para ti. Ayúdame a ser lo mejor que pueda ser. Amén.

¿Qué puedes hacer para Dios?

12 DE NOVIEMBRE

Mostrar respeto

Respeten a todos.

1 Pedro 2:17 NTV

¿Sabes cómo mostrar respeto? Trata a los demás como te gustaría que te trataran. Usa palabras amables. Sé educada. Escucha y piensa antes de hablar. Esas son maneras de mostrar respeto.

Dios quiere que respetes a todas las personas, no solo a las que te caen bien. Respeta a las personas que son diferentes a ti o más mayores que tú. Cuando muestras respeto, muestras amor.

Querido Dios, enséñame cómo tratar a los demás con respeto. Amén.

¿Cómo puedes mostrar respeto cuando no estás de acuerdo con alguien?

Para el bien

Sabemos que Dios va preparando todo
para el bien de los que lo aman.

ROMANOS 8:28 TLA

¿Alguna vez has visto a una alfarera hacer algo con barro? Si la alfarera decide que quiere hacer un plato, ella sabe exactamente cómo poner sus manos para darle forma a ese plato.

Dios es como un alfarero, y tú eres el barro. Él sabe qué hacer contigo. Te moldeará para que seas alguien que haga cosas buenas para Él y su reino.

Querido Dios, gracias por moldearme hasta ser algo que tú puedes usar. Amén.

¿Qué cosas buenas puedes ver en tu vida?

No tengas miedo

«Nunca te fallaré.
Jamás te abandonaré».

HEBREOS 13:5 NTV

Tus padres te dan comida todos los días para que no tengas que preocuparte por comer. En casa tienes comida, y no tienes que preocuparte o ni siquiera pensar en pasar hambre.

Dios no quiere que te preocupes por aquello que no tienes. Él promete cuidarte. Es un buen Padre. No tengas miedo.

Querido Dios, saber que estás conmigo me hace valiente. Amén.

¿Tienes hoy todo lo que necesitas?

15 DE NOVIEMBRE

Perdonado y olvidado

«Yo… borraré tus pecados».

Isaías 43:25 NTV

Cuando un amigo te hace daño y te pide perdón, deberías perdonarle. Perdonar no significa olvidar lo que te hicieron. Tu mente aún se acordará, pero decides no permitir que eso te moleste más.

Dios lo sabe todo. Él tiene la mejor memoria. Él perdona tus errores y decide no recordártelos otra vez.

Querido Dios, gracias por perdonarme cuando cometo errores. Amén.

¿Hay algo que necesitas que Dios te perdone?

16 DE NOVIEMBRE

No presumas

Nunca te alabes a ti mismo,
deja que otros lo hagan.
PROVERBIOS 27:2 PDT

A Wanda le gustaba mucho hablar de sí misma. Presumía de que era muy buena en los deportes. Cuando los niños contaban una historia, ella contaba una historia más grande. Poco después, nadie quería estar con ella.

La Biblia dice que es mejor dejar que otras personas presuman de ti. Cuando siempre hablas de ti misma, a la gente no le caerás muy bien. Deja que otros hablen de lo buena que eres en varias cosas en lugar de decirlo tú misma.

Querido Dios, ayúdame a no hablar siempre de mí misma. Amén.

¿A quién puedes animar hoy con tus palabras?

17 DE NOVIEMBRE

Todas las personas

No deben tratar a unas personas mejor que a otras.

SANTIAGO 2:1 TLA

¿Por qué deberías ser amable? ¿Por qué deberías tratar a los demás con respeto? Porque todas las personas son importantes para Dios. Dios ama a todo el mundo con el mismo gran amor. Ninguna persona es más importante que otra. A veces, el mundo trata mejor a la gente rica que a la gente pobre, pero Dios no lo hace, y Él quiere que trates a todas las personas por igual.

Querido Dios, gracias por amar a todos con el mismo amor tan fuerte. Amén.

¿Cómo ve Dios a las personas?

18 DE NOVIEMBRE

Padre bueno

«Su padre lo vio y tuvo compasión de él.
Salió corriendo a su encuentro
y le dio la bienvenida con besos y abrazos».

Lucas 15:20 PDT

Esta es la historia del hijo pródigo. Se fue de su casa, tomó malas decisiones, y gastó todo su dinero. Regresó a su familia porque necesitaba la ayuda de su papá.

El padre corrió hacia él en cuanto lo vio. El hijo pensaba que el padre estaría enojado, pero estaba lleno de alegría. Dios te sigue amando incluso cuando haces cosas malas. Corre a Él.

Querido Dios, gracias por ser un padre amoroso. Amén.

¿Sabes cuánto te ama Dios?

Tu escudo

Nosotros ponemos nuestra esperanza en el Señor;
él es nuestra ayuda y nuestro escudo.
Salmos 33:20 NTV

Un escudo es una parte de la armadura. Los guerreros usaban los escudos para protegerse en la batalla. Los escudos detenían las armas del enemigo.

Dios es como un escudo que te protege del enemigo. Mientras duermes, Él te protege. Mientras vas a la escuela, Él te protege. Estás a salvo. No tengas miedo. Él está ahí.

Querido Dios, gracias por ser mi escudo y mantenerme a salvo. Amén.

¿Cuándo necesitas que Dios sea tu escudo?

20 DE NOVIEMBRE

Ama aprender

Quien ama la corrección,
también ama el conocimiento.
PROVERBIOS 12:1 TLA

Nadie tiene la razón siempre. Los adultos se equivocan. Los niños se equivocan. Todo el mundo está aprendiendo. Cuando aceptas la corrección, aprendes de tus errores.

Es imposible ser perfecta y no cometer errores. Es bueno admitir cuando estás equivocada. Cuando alguien te corrija, acéptalo. Sé sincera y humilde.

Querido Dios, enséñame a aceptar la corrección. Quiero aprender de mis errores. Amén.

¿Puedes admitir cuando estás equivocada?

21 DE NOVIEMBRE

Ve a Jesús

«Dejen que los niños vengan a mí».

Mateo 19:14 NVI

Es importante prestar atención a las palabras de Jesús. Él quiere que estés con Él. Nunca te apartará.

Las palabras de Jesús te enseñan cómo es Dios. Puedes ir a Él cuando estés feliz. Puedes ir a Él cuando estés triste. Ve a Él en cualquier momento.

Querido Dios, gracias por querer estar conmigo. Amén.

¿Sabes cómo estar cerca de Jesús?

22 DE NOVIEMBRE

Las palabras son poderosas

El que habla sin pensar hiere
como un cuchillo, pero el que habla
sabiamente sabe sanar la herida.

PROVERBIOS 12:18 TLA

Victoria se peleó con su hermano. Dijo cosas crueles que hirieron los sentimientos de su hermano. Cuando se calmaron, Victoria pidió perdón por decir palabras hirientes.

Lo que dices importa. Las palabras pueden hacer daño a los demás. Las palabras pueden ayudar a alguien que está dolido. Escoge con cuidado lo que dices.

Querido Dios, ayúdame a hablar sabiamente con mis palabras. Amén.

¿Qué puedes hacer en lugar de decir palabras crueles?

Ángel comandante

Porque él dará orden a sus ángeles
para que te protejan a dondequiera que vayas.
SALMOS 91:11 PDT

¿Alguna vez has visto una película en la que había una batalla? Por muy grande y fuerte que sea un ejército, este no se mueve hasta que su comandante lo diga.

Dios es el comandante de los ejércitos del cielo. Cuando Él da la orden, los ángeles te protegen. Cuando tengas miedo, cierra los ojos e imagina a los ángeles fuertes de Dios protegiéndote.

Querido Dios, gracias por mantenerme a salvo. Amén.

¿Cómo te hace sentir pensar en los ángeles que te rodean?

24 DE NOVIEMBRE

Hecho en lo secreto

«Así sólo lo verá tu Padre, que está en lo secreto,
y tu Padre que ve todo lo que se hace en secreto,
te dará tu recompensa».

MATEO 6:18 PDT

Tabita limpió su cuarto. Después recogió los libros de su hermana y los ordenó en el cuarto de ella. Nadie se dio cuenta ni le dio las gracias, pero el acto de bondad de Tabita fue importante. Dios lo vio.

Dios ve todo lo que haces. Cuando haces algo bueno, Dios lo ve. Aunque nadie más se dé cuenta o diga nada, Dios sí lo hace. Él es el único que importa.

Querido Dios, gracias porque siempre me ves. Amén.

¿Qué puedes hacer hoy en lo secreto?

Ayuda al amanecer

Dios está en medio de esa ciudad y no será removida.
Al amanecer Dios la ayudará.

SALMOS 46:5 PDT

A Nora le costaba trabajo despertar en la mañana. Siempre tardaba mucho en prepararse. A veces se sentía gruñona. Prepararse no era divertido, pero cuando llegaba al lugar al que tenía que ir, se divertía.

Dios puede ayudarte a prepararte cuando te sientes gruñona. Pídele que te dé energía y una buena actitud, y Él lo hará.

Querido Dios, necesito tu ayuda todos los días. Amén.

¿Cómo puedes comenzar bien tu día?

26 DE NOVIEMBRE

Dios está cerca

«Permanezcan en mí
y yo permaneceré en ustedes».

JUAN 15:4 NVI

Puedes permanecer en Jesús pensando en Él y pasando tiempo con Él. En la mañana, pregúntale a Dios qué tiene preparado para ti ese día. Dale gracias por las cosas que amas de Él.

Leer la Biblia llena tu mente de la verdad de Dios. Escuchar cantos de adoración llena tu corazón de alabanza. Puedes hablar de Dios con otros. Éstas son maneras de permanecer en Él.

Querido Dios, quiero permanecer cerca de ti. Amén.

¿Cómo puedes permanecer hoy en Dios?

Eres un regalo

Los hijos son un regalo del Señor;
son una recompensa de su parte.

Salmos 127:3 NTV

Tú eres una niña, y la Biblia dice que eres un regalo. Dios te hizo con un propósito. Tú haces feliz a Dios y a las personas que te aman también.

Es bueno recordar cuán amada eres. Eres un regalo de Dios para tu familia y tus amigos. Si alguna vez sientes que no puedes ver el amor de Dios, pídele que te lo muestre.

Querido Dios, ayúdame a recordar lo importante que soy para ti. Amén.

¿Te sientes como un regalo?

28 DE NOVIEMBRE

Escucha a tus padres

Escucha a tu papá cuando te corrige
y no ignores lo que te enseña tu mamá.

PROVERBIOS 1:8 PDT

El trabajo de tu mamá y tu papá es ayudarte a crecer bien. Ellos te enseñan lo que está bien y lo que está mal. Te dicen cómo debes actuar. Quieren lo mejor para ti, y sus consejos te ayudan.

Tus padres están haciendo su mejor esfuerzo por enseñarte. Ellos piensan en cosas en las que tú no tienes que pensar todavía. Escucha lo que dicen y recuerda sus lecciones.

Querido Dios, ayúdame a escuchar a mis padres y a aprender de ellos. Amén.

¿Qué lecciones te enseñan tus padres?

29 DE NOVIEMBRE

Tu verdadero hogar

Somos ciudadanos del cielo, y esperamos que de allí vuelva nuestro Salvador, el Señor Jesucristo.

FILIPENSES 3:20-21 TLA

La tierra es un lugar hermoso, pero no es perfecto. Hay incendios, terremotos y tormentas. Es un buen hogar, pero no es nuestro hogar perfecto.

La Biblia dice que tu verdadero hogar está en el cielo con Dios y con todas las personas que lo han amado. Allí es donde un día vivirás feliz para siempre.

Querido Dios, gracias por hacer un hogar perfecto en el cielo para mí. Amén.

¿Qué te parece el cielo?

30 DE NOVIEMBRE

Lo único que necesitas

El dinero no es seguro. En cambio, Dios nos da todo en abundancia para disfrutarlo.

1 Timoteo 6:17 pdt

El dinero no permanece para siempre, pero Dios sí. Si perdieras todo lo que tienes en un incendio o en una tormenta, Dios te cuidaría. A Él le encanta cuidarte. Puedes confiarle toda tu vida a Él.

Tal vez no tengas todo lo que quieres, pero seguramente tienes lo que necesitas. Sé agradecida por lo que sí tienes. Eres rica gracias al amor de Dios.

Querido Dios, gracias por darme lo que necesito. Amén.

¿Por qué estás agradecida hoy?

Diciembre

¡Dios es inmensamente rico!
¡Su inteligencia y su conocimiento
son tan grandes que
no se pueden medir!

Romanos 11:33 TLA

Cuando Jesús vuelva

«Tampoco volverán a llorar, ni a lamentarse,
ni sentirán ningún dolor».

APOCALIPSIS 21:3-4 TLA

Un día, Jesús volverá. Cambiará todo lo que está mal y ya no habrá tristeza ni temor. Estarás contenta todo el tiempo. Él hará que todo sea perfecto.

Es divertido pensar en cómo será un lugar perfecto. Habrá amor, alegría y paz que nunca se acabarán. Piensa en tu mejor día. ¡Será todavía mejor que eso!

Querido Dios, gracias por prometer volver y arreglarlo todo. Amén.

**¿Qué es para ti
un día feliz?**

Sin errores

«Yo hice la tierra y a sus habitantes».

ISAÍAS 45:12 TLA

Dios hace cosas asombrosas. Él creó todo tipo de animales. Hizo el sol, y la luna, y los arcoíris. Creó flores hermosas y fruta deliciosa. Y te hizo a ti.

Dios no comete errores. Él cree que eres preciosa. Te creó con un propósito para un plan especial. ¡Eso es asombroso!

Querido Dios, gracias por cómo me creaste. ¡Muéstrame cómo me ves! Amén.

¿Sabes cuán maravillosa eres para Dios?

3 DE DICIEMBRE

Sirve a otros

«Si alguno de ustedes quiere ser importante, tendrá que servir a los demás».

Mateo 20:26 TLA

Jesús es el mejor ejemplo a seguir. Él vino para mostrar cómo es el amor de Dios. Sanó a los enfermos, ayudó a los pobres, y dio de comer a los hambrientos. Sirvió a los demás.

Hay muchas maneras de servir. Puedes ayudar a tu hermano o tu hermana a recoger sus juguetes. Puedes ayudar a tu mamá a doblar la ropa. Puedes hacer que alguien nuevo se sienta bienvenido. Sigue el ejemplo que Jesús te dejó en la Biblia.

Querido Dios, por favor enséñame a servir a otros como Jesús lo hizo. Amén.

¿Cómo puedes servir hoy a alguien?

4 DE DICIEMBRE

Feliz en Jesús

Deléitate en el Señor
y él te concederá los deseos de tu corazón.
Salmos 37:4 NVI

A Dios le gusta darte regalos. Él ve lo que realmente quieres. No se trata de juguetes o viajes. Él pone cosas mejores y más profundas en tu corazón.

Mantente cerca de Dios y aprende lo que le agrada. Cuanto más cerca estés de Él, más feliz estará tu corazón.

Querido Dios, gracias por saber lo que realmente quiero y necesito. Amén.

¿Qué quieres en lo profundo de tu corazón?

Como hermanos y hermanas

Sigan amándose unos a otros como hermanos.

HEBREOS 13:1 NTV

Tal vez tu casa esté llena de hermanos y hermanas, o tal vez seas hija única en tu casa. ¿Sabías que tienes un montón de hermanos y hermanas en la familia de Dios?

Los hermanos y las hermanas no siempre se llevan bien. A veces se pelean, pero también se perdonan. Y deciden amarse. En la familia de Dios pasa igual.

Querido Dios, gracias por mi gran familia de cristianos. Amén.

¿Quién son los hermanos y hermanas a tu alrededor?

6 DE DICIEMBRE

Una creación buena

Dios nuestro, tú has hecho muchas cosas,
y todas las hiciste con sabiduría.

Salmos 104:24 TLA

Puede ser difícil recordar que Dios es bueno cuando las cosas son difíciles. Busca pistas a tu alrededor. Sal a la calle. La tierra está llena de la bondad de Dios.

Dios creó el mundo para que lo puedas disfrutar. La tierra está llena de buenos regalos que demuestran lo mucho que Dios te ama. Dale gracias por tus cosas favoritas.

Querido Dios, gracias por todo lo que creaste para mí. Amén.

¿Qué te gusta observar cuando estás al aire libre?

7 DE DICIEMBRE

El mérito es para Dios

Pero nosotros no somos capaces
de hacer algo por nosotros mismos;
es Dios quien nos da la capacidad de hacerlo.

2 Corintios 3:5 TLA

Zoé ayudó a su papá a barrer las hojas toda la tarde. Su hermano Kike le dijo a su mamá que él barrió todas las hojas, pero no lo había hecho. Kike se llevó el mérito por algo que no hizo.

Cuando dices que hiciste algo sola, te olvidas de la parte de Dios. Él te da la capacidad de hacer cosas. Que no se te olvide darle las gracias.

Querido Dios, ayúdame a recordar que puedo hacer bien las cosas gracias a ti. Amén.

¿Qué te ha ayudado Dios a hacer?

8 DE DICIEMBRE

El día de Dios

Este es el día que hizo el Señor;
nos gozaremos y alegraremos en él.
Salmos 118:24 NTV

Cuando despiertas en la mañana, no sabes cómo será el día, pero Dios conoce los detalles. Dios hizo que saliera el sol y te regala cada día.

Tienes un día entero para adorar a Dios con la forma en que vives y las decisiones que tomas. Piensa en cómo puedes agradarle al comenzar tu día.

Querido Dios, ¡gracias por el día de hoy! Ayúdame a actuar de forma que te agrade. Amén.

¿Por qué puedes estar feliz hoy?

Normas

«Y ahora, hijos míos, escúchenme,
pues todos los que siguen mis caminos son felices».
PROVERBIOS 8:32 NTV

Carmen odiaba tener una lista de normas que obedecer. Quería hacer las cosas a su manera. A Bianca le gustaban las normas. Ella era feliz haciendo lo que le decían que hiciera. ¿A cuál de las dos niñas te pareces más?

Siempre habrá normas en la vida, incluso con Dios. Dios es sabio y sabe lo que es mejor para ti. Cuando te frustren las normas, piensa en cómo te ayudan.

Querido Dios, ayúdame a seguir las normas, aunque no quiera hacerlo. Amén.

¿Qué normas te resulta difícil seguir?

Comparte lo que tienes

Reparte sus bienes, da a los pobres.
Nunca deja de hacer lo que es justo
y recibirá grandes honores.

SALMOS 112:9 PDT

Dios creó a las personas para que compartieran unas con otras. Tal vez no tengas mucho, pero eso no importa. Siempre tienes algo que puedes dar.

Puedes compartir lo que sabes y ayudar a tu hermana con los deberes. Puedes dar palabras amables a un amigo que está triste. Dios ve cuando compartes lo que tienes.

Querido Dios, gracias por darme tantas cosas. Amén.

¿Qué puedes compartir hoy?

11 DE DICIEMBRE

Llena de amor

El amor no es envidioso.
No es presumido ni orgulloso.
1 Corintios 13:4 PDT

A Esperanza le encantaba jugar en la casa de Briana. Briana tenía muchos juguetes, pero no era feliz. Hablaba de un nuevo juguete que realmente quería. No estaba agradecida por los juguetes que ya tenía.

Muchas cosas hermosas no te harán feliz. El amor de Dios es lo que te hace feliz. Dura para siempre y es mejor que cualquier cosa en el mundo.

Querido Dios, gracias por todo lo que tengo. Recuérdame que tu amor es lo que más importa. Amén.

¿Estás agradecida con lo que tienes?

12 DE DICIEMBRE

Tu don

Si tienes el don de mostrar bondad a otros, hazlo con gusto.

ROMANOS 12:8 NTV

A todo el mundo se le da bien algo. Tal vez a ti se te da bien el arte, las matemáticas o el fútbol. Tal vez te gusta ayudar, enseñar o hacer actos de bondad.

Dios ha dado dones a cada uno de sus hijos. Sea cual sea el don que tengas, úsalo bien. Practica usándolo para bendecir a otros. Cuanto más practiques, mejor se te dará.

Querido Dios, gracias por cómo me creaste. Amén.

¿Cuál es tu don?

13 DE DICIEMBRE

Tu corazón

«La gente sólo presta atención al aspecto de las personas, pero el SEÑOR ve su corazón».

1 SAMUEL 16:7 PDT

Elisa quería encajar. Se vestía como sus amigas, hablaba como ellas, e intentaba que le gustara lo que a ellas les gustaba. Pero no se sentía ella misma.

A un buen amigo le gustas por quién eres. Dios ve quién eres realmente y cómo te sientes. Lo que Él piensa de ti es más importante que lo que cualquier otra persona piensa. Dios ve lo que hay en tu corazón y te ama.

Querido Dios, gracias por ver y amar a mi verdadero yo. Amén.

¿Puedes ser tú misma con tus amigas?

Vive en paz

Traten de vivir en paz con todo el mundo
y tengan una vida libre de pecado.

HEBREOS 12:14 PDT

Una manera de vivir en paz con los demás es perdonarlos. Cuando sigues pensando en el daño que alguien te hizo, puede ser difícil estar cerca de esa persona. Cuando perdonas, dejas ir ese dolor.

Deja que Dios sane tu corazón. No dejes entrar esos malos pensamientos. Pídele a Dios que te ayude a amar y perdonar.

Querido Dios, por favor sana mi corazón y dame paz. Amén.

¿Hay alguien que te hizo daño a quien tengas que perdonar?

Descansa en Dios

Sólo en Dios hallo descanso.

SALMOS 62:1 PDT

Elena estaba cansada y molesta. Se peleó con su hermana. Su mamá le dijo que se fuera a su cuarto. Intentó leer un libro y jugar con sus juguetes, pero seguía sintiéndose molesta. Después decidió hablar con Dios. Eso marcó la diferencia.

Cuando necesites un descanso, pasa tiempo con Dios. Su amor puede ayudarte a cambiar tu mala actitud.

Querido Dios, gracias por ayudarme a cambiar mi actitud. Amén.

¿Qué haces cuando estás molesta?

16 DE DICIEMBRE

Su palabra permanece

«La hierba se seca y la flor se marchita,
pero la palabra de nuestro Dios permanece para siempre».

Isaías 40:8 NVI

Nada en la tierra dura para siempre. Las estaciones, al cambiar, te muestran que las cosas tienen un principio y un final. Pero la Palabra de Dios nunca se marchitará ni morirá. Permanecerá para siempre.

Las mismas promesas que Dios hizo hace mucho tiempo atrás siguen siendo ciertas hoy. Cuando lees tu Biblia, pones en tu corazón verdades que nunca te pueden quitar. La verdad de Dios dura para siempre.

Querido Dios, gracias por la Biblia que me enseña acerca de tus promesas. Amén.

¿Qué promesa de Dios has leído en los últimos días?

17 DE DICIEMBRE

Mucha gracia

Alabamos a Dios por la abundante gracia
que derramó sobre nosotros,
los que pertenecemos a su Hijo amado.

EFESIOS 1:6 NTV

La gracia es bondad que no te mereces. Es el poder para perdonar los errores, y es saber que eres salva. La gracia es gratis y se encuentra al conocer a Jesús.

Imagina que te bebes un vaso de agua. Puedes ir al grifo y llenarlo cuando necesites más. El agua no se acaba. Tampoco la gracia de Dios. Él sigue dando.

Querido Dios, gracias porque tu gracia para mí no se acaba. Amén.

¿Necesitas hoy la gracia de Dios?

18 DE DICIEMBRE

Todo

Ustedes saben que nuestro Señor Jesucristo era rico, pero tanto los amó a ustedes que vino al mundo y se hizo pobre, para que con su pobreza ustedes llegaran a ser ricos.

2 Corintios 8:9 TLA

¿Verdad que es muy difícil darle la última galleta a tu hermano? ¿O dejar que tu hermana se siente en tu lugar favorito para ver una película? No es fácil.

Jesús lo entregó todo para que pudieras conocer a Dios. Él pasó de ser poderoso a ser un bebé dependiente. Te ama tanto que renunció a su lugar por ti. Piensa en eso.

Querido Dios, gracias por todo lo que dejaste por mí. Amén.

¿Qué dejó Jesús por ti?

19 DE DICIEMBRE

Un Dios celoso

No adores a ningún otro dios,
porque el SEÑOR es muy celoso.
Su nombre es Dios celoso.
ÉXODO 34:14 PDT

Cuando oyes la palabra *celoso,* ¿piensas en algo malo? La Biblia dice que Dios es celoso por estar contigo. ¡Eso no es malo en absoluto!

El Creador del mundo quiere estar contigo. Él no se rendirá contigo. Nada de lo que hagas puede hacer que Dios te ame menos. ¡Eso son buenas noticias!

Querido Dios, gracias porque siempre quieres estar conmigo. Amén.

¿Cómo te hace sentir que Dios sea celoso por ti?

20 DE DICIEMBRE

Imperfecta

Dios los salvó por su gracia cuando creyeron…
es un regalo de Dios.
Efesios 2:8 NTV

Kayla estaba orgullosa de sí misma cuando sacó buenas calificaciones. Cuando no le fue tan bien, se sintió mal por ello. Sus padres le dijeron que la amaban igual sin importar las calificaciones que sacara.

Dios te ama de la misma forma. Él no te ama más cuando eres buena, ni menos cuando cometes errores. No tienes que ser perfecta porque Él es perfecto en tu lugar.

Querido Dios, me alegra mucho que me ames igual pase lo que pase. Amén.

¿Cambia en algún momento el amor de Dios por ti?

21 DE DICIEMBRE

No vivas como el mundo

No vivan según el modelo de este mundo.
Mejor dejen que Dios transforme su vida
con una nueva manera de pensar.

Romanos 12:2 PDT

Dios quiere lo mejor para ti. Quiere que lo sigas y no escuches lo que digan otras personas. No todo el mundo vive como Dios quiere. Tú tienes que decidir seguir a Dios.

Cuando amas a Dios, confías en Él. Haces lo que Él dice. Pasas tiempo con Él. Cuando aprendes más sobre quién es Dios, aprendes cuál es la manera correcta de vivir.

Querido Dios, quiero vivir para ti. Quiero pensar como tú. Amén.

¿Cómo eres diferente a este mundo?

22 DE DICIEMBRE

En espera de un rey

Dios nos ha dado un hijo.

Isaías 9:6 tla

El pueblo de Dios esperó a Jesús durante cientos y cientos de años. Los profetas dijeron que vendría un rey que los haría libres. ¿Te imaginas esperar tanto tiempo por algo?

Jesús es el mejor regalo de la historia. Él nos enseña con bondad. Nos guía con cuidado. Es justo. Su poder es grande y su amor nunca se acaba. ¡Valió la pena esperar!

Querido Dios, gracias por enviar a tu Hijo a la tierra hace tantos años atrás. Amén.

¿Hay algo por lo que has esperado mucho tiempo?

23 DE DICIEMBRE

Dar regalos

Procuren también sobresalir en esta gracia de dar.

2 Corintios 8:7 NVI

Piensa en todo lo que tienes. Seguramente hay algo que puedes darle a otra persona. No tiene por qué ser una cosa. También puedes dar tiempo.

Dios es generoso siempre. Él quiere que tú también seas generosa. Puede ser divertido buscar formas de dar a otros.

Querido Dios, quiero ser generosa en todo lo que pueda. Amén.

¿Qué puedes dar hoy?

24 DE DICIEMBRE

El bebé rey

Al ver la estrella, sintieron muchísima alegría.
Cuando llegaron a la casa, vieron al niño con María,
su madre, y postrándose lo adoraron.

MATEO 2:10-11 NVI

Los sabios de Oriente buscaban un rey. Siguieron una estrella y encontraron un bebé. Seguramente no esperaban eso, pero aun así le dieron regalos y lo adoraron.

Los planes de Dios no son siempre como tú esperas. Puede que parezca que no tienen sentido. Confiar en Dios significa confiar en sus planes, aunque no los entiendas.

Querido Dios, ayúdame a confiar en tus planes, aunque no tengan sentido para mí. Amén.

¿Por qué puedes confiar siempre en los planes de Dios?

25 DE DICIEMBRE

En un establo

«Hoy en el pueblo del rey David, les ha nacido
un Salvador, que es el Mesías, el Señor».

LUCAS 2:11 PDT

Jesús no nació en un hospital. Nació en un establo sucio con animales. ¿Puedes imaginar eso? El rey del cielo no hizo una entrada triunfal en el mundo.

Jesús dejó un lugar perfecto con su Padre en el cielo. Se hizo humano y demostró cómo es Dios en realidad. Vino porque te ama.

Querido Dios, gracias por bajar a la tierra por mí. Amén.

¿Dejarías tu hogar para ayudar a alguien?

26 DE DICIEMBRE

Palabras amables

El que ama la pureza del corazón y habla con gracia tendrá al rey como amigo.

PROVERBIOS 22:11 NTV

Las palabras amables pueden ayudarte a hacer amigos. Puedes hacer amigos en la escuela, en la iglesia, en tu vecindario, o incluso cuando estés de vacaciones.

Solo tú puedes controlar lo que dices. Piensa mucho en cómo hablas. Intenta hacer que la gente se sienta bien con tus palabras.

Querido Dios, sé que mis palabras importan. Enséñame a pensar antes de hablar. Amén.

¿Qué palabras amigables puedes decir a las personas nuevas que conozcas?

27 DE DICIEMBRE

Valora a los demás

Sean humildes y cada uno considere a los demás como más importantes que sí mismo.

Filipenses 2:3-4 PDT

¿Sabes lo que significa valorar a los demás? Significa pensar en ellos y no solo en ti misma. Podría ser hablar con alguien que no tenga muchos amigos.

Piensa en un momento en el que alguien hizo algo amable por ti. ¿Cómo te hizo sentir? Intenta tratar a los demás de la misma forma. En las cosas grandes o pequeñas, pon a los demás primero y sé amable.

Querido Dios, ayúdame a valorar a los demás con actos de bondad. Amén.

¿Qué puedes hacer para que alguien se sienta valioso hoy?

28 DE DICIEMBRE

Vengan a mí

«Vengan a mí los que estén cansados y agobiados,
que yo los haré descansar».

MATEO 11:28-30 PDT

Karen tuvo un día largo. Después de la escuela tuvo entrenamiento de básquet. Estaba muy cansada cuando llego a su casa para cenar. Solo quería relajarse, pero tenía que hacer un proyecto de clase.

Cuando estés cansada, puedes ir a Dios. Puedes entregarle las cosas que te cargan y Él las cargará por ti. Te dará la fuerza que necesitas para ocuparte de tus responsabilidades.

Querido Dios, tú eres al que acudo cuando necesito descansar. Amén.

¿Tienes alguna carga pesada que debas entregarle a Dios?

Lo que dura para siempre

«Es mejor que amontonen riquezas en el cielo.
Allí nada se echa a perder».

Mateo 6:20 TLA

Carmen tenía un conejo de peluche favorito que le habían regalado cuando era una bebé. Un día se lo encontró mordisqueado en el piso. El perro lo había tomado de su cama y lo arruinó. A Carmen se le rompió el corazón.

Dios dice que puedes amontonar tesoros en el cielo que no pueden ser destruidos. Con Dios hay muchas cosas buenas que nunca se acabarán.

Querido Dios, ayúdame a aprender acerca del tesoro que puedo amontonar en el cielo. Amén.

¿Cuál es tu tesoro más importante?

30 DE DICIEMBRE

Roca eterna

Confíen en el Señor para siempre,
porque el Señor, el Señor mismo, es la Roca eterna.
Isaías 26:4 NVI

¿Alguna vez te has puesto de pie sobre una piedra gigante? Dios es más fuerte que la piedra o la montaña más grande que hayas visto jamás. Puedes confiar en Él cuando las cosas van bien y también cuando son difíciles. Él nunca cambia.

Puedes confiar en Dios todos los días. Practica creer en Él en las cosas pequeñas. Entonces, cuando lleguen dificultades más grandes, será más fácil confiar en Él en medio de ellas.

Querido Dios, gracias por ser mi roca fuerte y grande. Amén.

¿Qué puedes confiarle a Dios hoy?

31 DE DICIEMBRE

Toma tiempo

Los planes bien pensados producen ganancias;
los apresurados traen pobreza.

Proverbios 21:5 NVI

Luisa tenía un gran proyecto que hacer. Parecía que iba a tardar una eternidad en terminarlo. A veces, quería hacer las cosas rápidamente, pero eso hubiera hecho que el resultado final del proyecto no fuera tan bueno. Luisa siguió trabajando duro hasta que el trabajo estuvo terminado.

Cuando tengas un gran proyecto, hazlo poco a poco. No te rindas. Todo lo que te propongas hacer en el año nuevo, puedes hacerlo bien. Trabaja duro y pídele ayuda a Dios.

Querido Dios, ayúdame a terminar bien el trabajo que tengo que hacer. Amén.

¿Qué harás el año que viene?